走遍世界
很简单

ZOUBIAN SHIJIE HENJIANDAN

土耳其大探秘

TUERQI DATANMI

知识达人 编著

成都地图出版社

图书在版编目（CIP）数据

土耳其大探秘 / 知识达人编著 . — 成都：成都地图出版社，2017.1（2021.10 重印）
（走遍世界很简单）
ISBN 978−7−5557−0370−9

Ⅰ . ①土… Ⅱ . ①知… Ⅲ . ①土耳其—概况 Ⅳ . ① K937.4

中国版本图书馆 CIP 数据核字 (2016) 第 121057 号

走遍世界很简单—— 土耳其大探秘

责任编辑：魏小奎
封面设计：纸上魔方

出版发行：成都地图出版社
地　　址：成都市龙泉驿区建设路 2 号
邮政编码：610100
电　　话：028 − 84884826（营销部）
传　　真：028 − 84884820

印　　刷：唐山富达印务有限公司
（如发现印装质量问题，影响阅读，请与印刷厂商联系调换）

开　　本：	710mm × 1000mm　 1/16		
印　　张：	8	**字　　数：**	160 千字
版　　次：	2017 年 1 月第 1 版	**印　　次：**	2021 年 10 月第 4 次印刷
书　　号：	ISBN 978−7−5557−0370−9		
定　　价：	38.00 元		

前 言

美丽的大千世界带给我们无限精彩的同时，也让我们产生很多疑问：世界上到底有多少个国家？美国到底在什么地方？为什么奥地利有那么多知名的音乐家？为什么丹麦被称为"童话之乡"？……相信这些问题经常会萦绕在小读者的脑海中。

为了解答这些问题，我们精心编写了这套《走遍世界很简单》系列丛书，里面蕴含了世界各国丰富的自然、地理、历史以及人文等社会科学知识，充满了趣味性和可读性，力求让小读者掌握最全面、最准确的知识。

本系列丛书人物对话生动有趣，文字浅显易懂，并配有精美的插图，是一套能开拓孩子视野、帮助孩子增长知识的丛书。现在，就让我们打开这套丛书，开始奇特的环球旅行吧！

路易斯大叔

美国人，是位不折不扣的旅行家、探险家和地理学家，足迹遍布全世界。

多多

10岁的美国男孩，聪明、活泼好动、古灵精怪，对一切事物都充满好奇。

米娜

10岁的中国女孩，爸爸是美国人，妈妈是中国人，从小生活在中国，文静可爱，梦想多多。

目 录

目 录

路易斯大叔随一个考察队到某地去进行野外考察，半个月后，他回到了家中。半个月的风餐露宿，加上不能洗澡，使他不仅疲惫不堪，而且蓬头垢面，还散发出一种难闻的味道。

他一走进房间，米娜和多多便捏住了鼻子，嫌

弃地嚷道："臭死了！路易斯大叔，赶紧去洗澡！"

"你们以为我愿意这样吗？"路易斯大叔一边嘟嚷着，一边往浴室走去，"唉，这会儿要是能洗个土耳其浴就好了。那可是世界上最棒的洗浴方式，既舒服又解乏……"

"土耳其！"多多一下子跳起来，"我刚读了一些关于土耳其的文章，那真是个好地方啊！我想去……"

没等多多的话说完，路易斯大叔已经走进了浴室，并关上了门。多多只好闭上嘴，像撒了气的皮球似的坐在沙发上。他不时地看向浴室的门，盼着路易斯大叔早点从里面出来。

米娜看着坐立不安的多多，问道："你到底看了什么文章啊？让你对土耳其这么感兴趣。"

　　"你整天把中国挂在嘴边，让我也对中国历史起了兴趣。"多多说，"我看中国历史的时候，发现了一个叫突厥的游牧民族。突厥汗国曾经非常强大，它占领了中国西部的大片土地，与北周、北齐、隋朝和唐朝都打过仗。到隋唐的时候，突厥因为总是战败，就不断从中亚地区向西撤退。8世纪，突厥人进入现在土耳其所在的地区，在那里建立了国家，站稳了脚。

　　米娜，你知道吗，'土耳其'这个词就是从'突厥'演变而来的。在鞑靼语中，'突厥'的意思是'勇敢'，而'土耳其'的意思是'勇敢者的国家'。"

　　对于这点，米娜还真不知道，但她不想让多多得意，故意说："你就知道这么点儿东西，有什么了不起的！"

一听这话，多多不高兴了，赌气不再说话。可过了一会儿，他又忍不住了，说："你说这土耳其也挺奇怪的，它有97%的国土在亚洲，只有3%的国土在欧洲，而且首都安卡拉也在亚洲，应该算是亚洲国家，但它却只参加欧洲组织的一些文化和体育活动，不参加亚洲的，它还加入了欧洲的组织，是不是很奇怪？"

米娜这回得意了："这个你就不知道了吧？让我来告诉你，虽然土耳其大多数的领土都在亚洲，但土耳其的历史更倾向于欧洲，另外为了自身的发展，土耳其官方就说自己是欧洲国家。"

这时，路易斯大叔洗完澡出来了，有气无力地走向卧室，想去睡一觉。多多"噌"一下站起来，飞快地跑到路易斯大叔面前，百般央求道："路易斯大叔，我们去土耳其吧，土耳其可漂亮了！那里能看到历史上有名的文物，又能欣赏大自然的美景，还有你一直想享受的土耳其浴，还有好看的肚皮舞……"

"好，好——我知道了，"路易斯大叔打着哈欠说，"但你总得

让我先睡一觉吧，我现在又累又困！等我休息好了，再带你们去土耳其。"他不由分说，将多多关在卧室门外。

"噢耶，去土耳其喽！"多多欢呼起来，高兴地又叫又跳。

"对了，你们可以收拾行李了。"路易斯大叔又打开了卧室的门，"顺便也帮我收拾一下。"说完，又把门关上了。

"没问题！"原本不爱干活的多多这会儿却答应得异常痛快。他很快将自己和路易斯大叔的行李收拾好，甚至主动去帮米娜收拾。

晚上睡觉时，多多做了个美梦，梦中他们已经畅游在土耳其了。

第 1 章

"阿纳多卢"与"鲁梅利"

路易斯大叔和多多、米娜乘坐的飞机在阿塔图尔克国际机场降落。

这个机场位于土耳其伊斯坦布尔欧洲部分的叶希尔柯伊。土耳其人把自己国家处于欧洲的部分叫作"鲁梅利",处于亚洲的部分则叫"阿纳多卢"。多多和米娜早就从网上的资料里知道,这个机场是为了纪念土耳其共和国的缔造者穆斯塔法·凯末尔·阿塔图尔克而命名的。

　　从机场出来，他们直接搭乘地铁和电车到了艾米诺努的东方名图酒店住下。这家三星级酒店的附近有一个叫作耶尼卡帕的码头，从那里可以搭乘游玩博斯普鲁斯海峡的海上巴士。

　　办理好入住手续后，已经是当地时间下午两点钟左右了。此时，路易斯大叔他们最想做的事就是洗一个热水澡。

　　多多说："土耳其浴的名气全世界都知道，咱们这就去体验一下吧。"他的提议得到了路易斯大叔的赞同，但是米娜有点犹豫，毕竟是女生，对这里的风俗不是很了解，又是一个人，所以打算自己在房间里洗洗算了。路易斯大叔和多多则兴冲冲地来到了酒店的桑拿中心。

　　土耳其人把浴室称为"哈曼"。为了充分享受土耳其浴文化，路

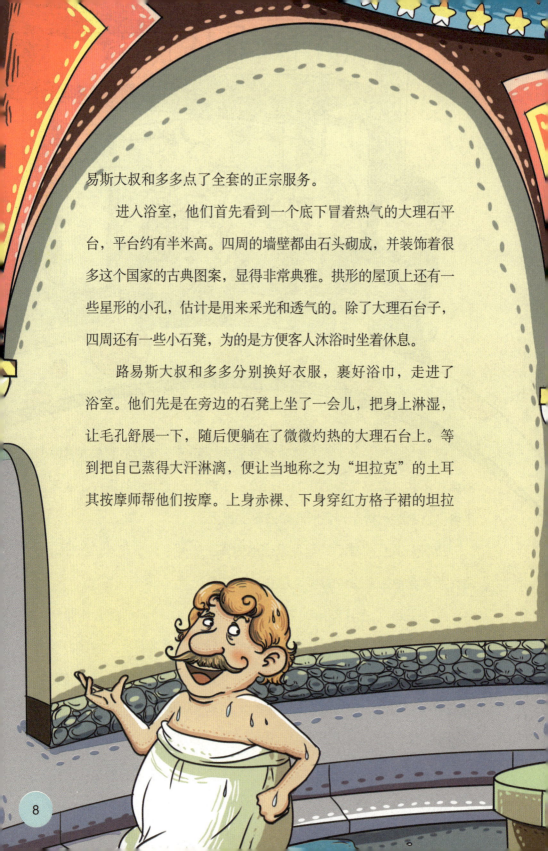

易斯大叔和多多点了全套的正宗服务。

进入浴室，他们首先看到一个底下冒着热气的大理石平台，平台约有半米高。四周的墙壁都由石头砌成，并装饰着很多这个国家的古典图案，显得非常典雅。拱形的屋顶上还有一些星形的小孔，估计是用来采光和透气的。除了大理石台子，四周还有一些小石凳，为的是方便客人沐浴时坐着休息。

路易斯大叔和多多分别换好衣服，裹好浴巾，走进了浴室。他们先是在旁边的石凳上坐了一会儿，把身上淋湿，让毛孔舒展一下，随后便躺在了微微灼热的大理石台上。等到把自己蒸得大汗淋漓，便让当地称之为"坦拉克"的土耳其按摩师帮他们按摩。上身赤裸、下身穿红方格子裙的坦拉

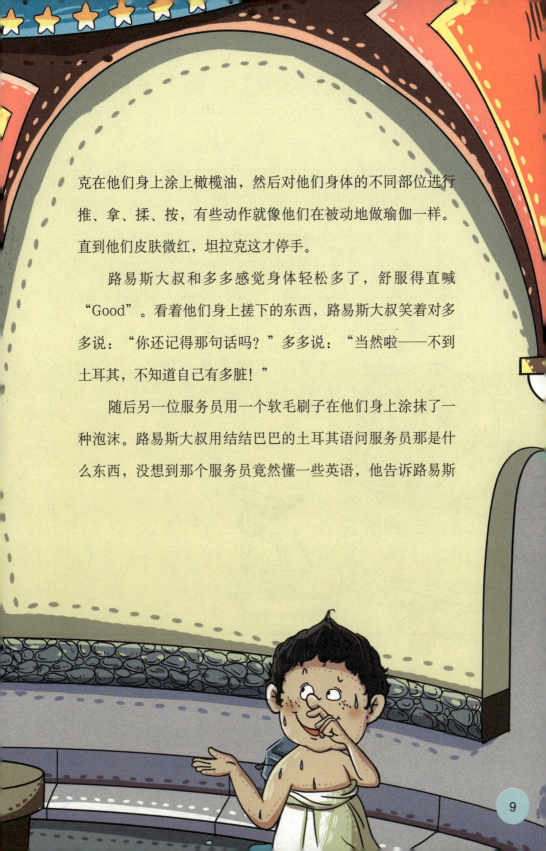

克在他们身上涂上橄榄油，然后对他们身体的不同部位进行推、拿、揉、按，有些动作就像他们在被动地做瑜伽一样。直到他们皮肤微红，坦拉克这才停手。

路易斯大叔和多多感觉身体轻松多了，舒服得直喊"Good"。看着他们身上搓下的东西，路易斯大叔笑着对多多说："你还记得那句话吗？"多多说："当然啦——不到土耳其，不知道自己有多脏！"

随后另一位服务员用一个软毛刷子在他们身上涂抹了一种泡沫。路易斯大叔用结结巴巴的土耳其语问服务员那是什么东西，没想到那个服务员竟然懂一些英语，他告诉路易斯大叔，那种泡沫是用薄荷、樟脑制成的，既可以止痛消炎，又可以醒脑提神。

因为有了语言上的交流，气氛活跃起来了。服务员建议路易斯大叔和多多在大理石台上躺一会儿再出去，路易斯大叔和多多于是在大理石台上小睡了一会儿，这才又洗了个澡，来到休息室，让服务员帮他们拿来早已准备好的羊肉串、酸奶、榛子等吃的东西。这时已到傍晚，路易斯大叔和多多也有些饿了，因此吃起这些东西来更觉得可口。路易斯大叔还要了水烟袋，美美地吸着，对多多说："这才是地道的土耳其浴啊。"

回到住的地方，他们发现米娜给自己要了土耳其烤肉和沙拉。虽然没享受到地道的土耳其浴，但这小丫头也挺会用别的方式犒劳自己的嘛！

路易斯大叔他们第二天几乎是睡到自然醒，不过离游船出发的时间还有一两个小时。正宗的土耳其浴加上充足的睡眠，让他们看上去精神焕发。

早餐后，他们提前一个小时出发了。到达耶尼卡帕码头，买好船票，还有二三十分钟才会开船，他们便趁机观赏周围的风景。

这个码头在金角湾通往博斯普鲁斯海峡出口处的南岸，往西北不远处可以看到加拉塔大桥。这座桥在160多年前是木质结构的，曾多次被焚毁，后来改建为石桥，现在是分为上下两层的吊

桥。上层桥面供车、人通行，下面一层则密布着饭店、咖啡馆和商店。桥下面可以让船只通行，如果遇到特别高大的船只，加拉塔大桥还可以被折叠起来，让船只通过。

加拉塔大桥与世界上的其他大桥相比，在体积上并没有什么优势，然而它在历史上的地位却是极为重要的。桥的南端是伊斯坦布尔旧城区，北端则是新城区，这座桥曾经是连接两个城区的生命线。

这里也是"征服者"穆罕默德二世成为千古一帝的地方。1453年，年仅21岁的他率20万大军攻打君士坦丁堡，战舰被拜占庭帝国设置在海面上的铁链阻在了金角湾之外。金角湾是由两条小溪汇入形成的淡水湾，它的两岸在阳光照射下呈现出金色，金角湾也是由此而得

名的。

　　相传，穆罕默德二世为了突破拜占庭帝国设下的障碍，下令在金角湾北岸用涂上牛脂的圆木建造了一条陆上船槽，把战舰从陆上拉到了金角湾内，随后穆罕默德二世一鼓作气，攻下君士坦丁堡，将其更名为伊斯坦布尔。延续千年的拜占庭帝国（东罗马帝国）就此灭亡了。

　　"路易斯大叔，快看，那里有座塔！"多多喊道。路易斯大叔和米娜顺着多多所指的方向往桥北端的新城区看去，一眼便看到了加拉达古灯塔。这是这座城市的地标性建筑，也是城市最高的建筑之一。人们白天可以登上塔去俯瞰城市胜景，晚上塔顶餐厅里灯火通明，同时上演着肚皮舞、脱口秀等餐厅表演节目。

这座石塔主体是圆筒形的，上面有旋转大厅和带塔尖的穹顶，现在里面有两部载客电梯。石塔最初由查士丁尼大帝建造于578年，曾在十字军东征期间被毁，1348年由热那亚人重建。

米娜说："就是一座石塔嘛，全世界不是到处都有吗？"

路易斯大叔解释说："这座石塔的不同之处在于它悠久深邃的历史。它最初是作为军事防御工程建造的，后来陆续成为天文台、监狱、军乐队宿舍和火警塔，如今则是灯塔。"

游轮终于开动了，先向东进入博斯普鲁斯海峡，然后顺着海峡的方向往东北开去。这条经历7500年形成的神奇海峡，最窄处竟然不超过1000米，真是难得一见的奇观！更令人惊叹的是，海峡中表层和底层海水的流向竟然是完全相反的。表层海水由黑海流向马尔马拉海，也就是由北往南流；而底层海水则是由南向北流，也就是由马尔马拉海流向黑海。

路易斯大叔他们站在游轮的甲板上，看着两岸起伏连绵的山峦，郁郁葱葱的树林，还有林中时不时显出的白墙红瓦的房屋，只觉得这里的美景让人目不暇接。海豚就像这个城市派来的天使一般，时不时跃出水面，引起游客们一阵阵惊喜的笑声。

正当他们陶醉在周围的美景中时，人群中响起了一片惊呼声。原

来游轮即将到达多尔玛巴赫切宫（又译朵玛巴切宫）。游船由南向北开，首先看到的是由加拉贝特·巴里扬设计的多尔玛巴赫切清真寺。清真寺正对海峡，左右两边各有一座尖塔，屋顶和窗子上部都是圆形的，让这座巴洛克风格的建筑显得别具一格。

　　船继续前行，路易斯大叔他们的视线中出现了一座钟塔。这就是多尔玛巴赫切钟塔，它位于通往多尔玛巴赫切宫的甬道上。这座由白色大理石砌成的白色钟塔，是由苏丹阿卜杜勒一世下令建造的。尖尖的塔顶下面的第四层，镶嵌着奥斯曼帝国的皇家纹章和四面法国保罗·加尼尔时钟。游船继续前进，望远镜继续北移，便可以看到有游客出入的皇宫大门了。这是财政大门，建得宏伟气派，华美壮观。

　　整体上看，皇宫大门仍然采用对称结构的传统建筑格局，但是

在细节方面则极尽装饰，显示出富丽堂皇、宏大雄伟的气势，这被称为"巴洛克风格"。在望远镜中，只见大门两侧是两两成对的4根柱子，再往两边看，像是一边一个顶部是拱形的"窗户"，"窗户"的两侧也有大理石柱子。其实这并非是真正的窗户，而是被用来贴布告的墙壁。再往两边则是柱、壁相间的围墙，围墙尽头连着两座方形石塔。塔的顶端、墙壁上边和柱子的上端都雕刻着各种立体的奥斯曼纹饰。新装修过的两扇大门看上去好像银白色中透着金色，上面的纹饰美轮美奂。皇宫大门整体上把维多利亚式的对称典雅和巴洛克式的繁复多变、立体动感结合得非常完美。

等游船行驶到正对博斯普鲁斯海峡的皇宫主楼的时候，便可以从正面看到皇宫的全景了。虽然路易斯大叔他们是在船上远远地看，

但那615米长的双层大理石建筑所呈现的雄伟壮丽依然让人感到震撼，也只有在水面上才能饱览皇宫的全貌。只见它背靠树木苍翠的山坡，怀拥海峡波光粼粼的碧波，与蓝天白云相互映衬。宫殿外那一排排表面起棱的大理石圆柱，隐约能看出顶端装饰着繁复的奥斯曼纹饰，就像传说中的天兵一样高大威武。

19世纪中期，当时的托普卡帕宫既不够实用，也不够现代化，一心向欧的苏丹阿卜杜勒一世于是选择了面积小、木结构的多尔玛巴赫切——这座早先在海滩上建造的皇宫进行改造。多尔玛巴赫切宫耗资500万金里拉，从马尔马拉海的岛屿上运来的大理石，从埃及运来的雪花石，从历史古城贝尔加马运来的斑岩石被用作建造材料，14吨黄

金和40吨白银被用作装修材料。这座皇宫的富丽程度超过了任何一座欧洲皇宫，地理位置也是得天独厚，很快便闻名于世界。

这座集罗浮宫、白金汉宫及当地建筑风格为一体的皇宫，到今天依然称得上是传世的艺术巨作。然而在当时，却让帝国财政不堪重负。1856年皇宫建成后，几位苏丹在此轮流居住了短暂的70年后，帝国便结束了。此后，多尔玛巴赫切宫成为土耳其共和国的缔造者——土耳其第一任总统凯末尔的官邸。

游船继续沿着海峡西岸往东北方向驶去。路易斯大叔见米娜和多多都是一副若有所思的样子，便先问米娜："看了这些，你在想些什么呢？"米娜说："我在想，那头小白牛是从哪个地方逃到对岸去的呢？"

米娜在想的，是博斯普鲁斯海峡名称的由来。博斯普鲁斯的意思是"牛渡水的地方"，不过这头牛可不是一般的牛，而是一位名叫伊奥的公主变的。因为众神之父宙斯爱上了她，引起了宙斯的妻子天后赫拉的嫉妒。宙斯怕赫拉伤害伊奥，便把她变成了一头白色的小母牛。赫拉知道后，从宙斯那里索来了小白牛，交给百眼怪看管。宙斯派人杀死了百眼怪，救出了小白牛。赫拉便又让牛虻去叮咬小白牛。

小白牛被叮咬得到处乱窜，曾经越过一道水墙，这道水墙就是博斯普鲁斯海峡。

路易斯大叔又问多多在想什么。多多说："这么美丽的地方，每当发生战争时，肯定会被破坏得很厉害。"是呀，这里是通往欧、亚、非三大洲的咽喉之地，自古至今，那些胸怀霸权之心的帝王们，都不惜一切代价争夺这里，无数场战争在这里发生。在这片狭窄的水面上，经常燃起熊熊的战火。

　　路易斯大叔点点头说："这里不仅有很多神话传说，也是各国相争的地方，还是2006年诺贝尔文学奖获得者奥尔罕·帕慕克灵感的来源地。他说自己童年中最快乐的时光就是逃离城市，跟随母亲沿着博斯普鲁斯的海岸慢慢散步。在他看来，博斯普鲁斯是带给人们欢乐和幸福的地方。今天，在这和平时期，我们能看到这么美好

的景色，应该感到幸福才对啊！"米娜和多多连连点头。看着在天空中自由翱翔的海鸥和在湛蓝海水中自在悠游的透明水母，他们好像也像帕慕克一样感受到了快乐。

不一会儿，游船便到达了博斯普鲁斯海峡上的第一座大桥——博斯普鲁斯大桥。大桥就像一条巨龙，慢慢地向前进的游船飘来。这座欧洲第一、世界第四的斜拉钢索大桥于1973年建成通车。这座大桥长1560米，其中有1074米位于海峡水面以上64米，确保各种船只可以畅通无阻。海峡两岸，两座165米高的"门"字形钢桥塔，各连着两条由11300根5毫米粗的钢丝拧成的钢索，每条钢索足有将近60厘米粗。

33米的桥宽，足以让六辆汽车并排驶过。

　　如果把博斯普鲁斯大桥比作是海峡上的一条巨龙的话，那么桥西端附近的奥尔塔柯伊清真寺就是海峡边上的一颗明珠。

　　奥尔塔柯伊清真寺是由苏丹阿卜杜勒·迈吉德一世下令，于1854—1856年间建成的，其设计者同样是多尔玛巴赫切宫及多尔玛巴赫切清真寺的建筑师，而且也采用了巴洛克建筑风格。

　　穿过博斯普鲁斯大桥之后，游船向东驶去，很快便到了大桥另一端"明珠"所在地——贝雷贝伊夏宫。这座宫殿于19世纪60年代建成，是奥斯曼土耳其帝国皇族的避暑胜地。这座位于海峡东岸的巴洛克建筑风格的宫殿由萨洛克·巴里扬设计，由苏丹阿卜杜勒·阿齐兹

一世下令建造。除了避暑外，这里还是招待外宾的场所。

据说拿破仑三世的妻子欧仁妮皇后于1869年去参加苏伊士运河的开通仪式的路上，造访了贝雷贝伊夏宫。因其挽着阿卜杜勒·阿齐兹一世的胳膊进入宫殿，欧仁妮皇后被阿卜杜勒·阿齐兹一世的母亲照脸打了一耳光。尽管如此，欧仁妮皇后依然对这座宫殿的优雅赞不绝口。她自己在巴黎的杜伊勒里宫的窗户，便是仿造贝雷贝伊夏宫贵宾室的窗户设计的。贝雷贝伊夏宫的地板上铺着用埃及莎草编成的席子，隔热、保暖、绝缘。宫里用的毯子则来自有"世界地毯之最"称号的海雷凯。另外，温莎公爵夫妇也曾来过这里。

米娜听说连法兰西皇后都对这座宫殿非常喜爱，便很向往，说

以后要去那里看看。多多扮了个鬼脸，吓唬她说："你不怕被囚禁在那里吗？从1912年开始，一位叫阿卜杜勒·哈米德的苏丹便被囚禁在那里，一直到1918年死去。"米娜听了后，不高兴地嘟起嘴把脸转到别处。

路易斯大叔他们就这样随着海上巴士从欧洲到了亚洲，米娜情不自禁地用中文说："天堑变通途！"多多不明白她说的是什么。米娜用了一大堆英语给他解释明白后，使他佩服得五体投地。旁边的路易斯大叔也翘起大拇指说"Great!（了不起！）"。他们正说着，便看见了一座古旧的城堡，那就是阿纳多卢堡。

这座占地7000平方米的军事要塞位于海峡最窄处的亚洲海岸一侧，是由苏丹巴耶济德一世下令建造，于1393—1394年建成的。城堡是为1395年进攻君士坦丁堡准备的，它的对面是位于海峡西岸、欧洲

一侧的鲁梅利城堡。两座城堡遥相呼应，非常壮观。

阿纳多卢堡最初建成时被作为 望警戒之用，25米高的方形石塔，被不规则的五边形城墙环绕，五个拐角处又建有五座警戒炮塔。这是伊斯坦布尔最古老的土耳其风格的建筑物。为了攻打君士坦丁堡，穆罕默德二世苏丹对它进行了加固，在它周围建造了2米厚的城墙，又修建了三座炮塔。君士坦丁堡陷落后，这里被用作军事监狱。1991—1993年，土耳其政府对其进行修复，改作博物馆，但不对外开放。

看了饱经战火和岁月沧桑的阿纳多卢堡，便不能不去看看鲁梅利城堡。游轮满载着游客们的期盼，又向位于欧洲一侧的鲁梅利城堡驶去。

苏丹穆罕默德二世为了封锁海峡，阻止从热那亚驶来、从黑海上经过往君士坦丁堡运送补给和援兵的船只，亲自监督建造了这座城

堡。从1451—1452年，仅用了4个月16天便建成了这座雄伟的城堡。城堡有3座主炮塔、1座小炮塔和13座瞭望塔。城堡上设置了重炮，彼此之间由城墙和密道相连，并附建了军械库、粮库等军队所需的设施。鲁梅利城堡的整体形状和穆斯林先知穆罕默德的名字在阿拉伯语中的拼写形状相似。就这样，苏丹穆罕默德二世利用在海峡最窄处两座隔海相望的城堡，锁住了博斯普鲁斯海峡，切断了君士坦丁堡与外界的联系。

君士坦丁堡陷落后，这里被当作海关关卡，负责检查来往船只，后来又被当作关押外国俘虏的军事监狱。在此期间，城堡有的部分毁于大火和地震，后又被修复。在新的军事要塞建成后，这里便被废弃，慢慢地变成了居民区。1953—1958年，土耳其政府对这里的军民进行了搬迁安置，并对城堡进行了修复。从1960

年开始，这里被用作博物馆和露天剧院。

　　鲁梅利城堡是土耳其的著名古迹之一，还曾经被印在土耳其的纸币上。

　　看着两座古堡，路易斯大叔他们就好像看见古战场上的士兵在这里厮杀一样。突然，米娜又冒出一句"两洲锁钥第一关"来，再次引得路易斯大叔和多多询问了好久。

　　明白了阿纳多卢和鲁梅利城堡的历史过往，便不难理解沿着海峡方向紧挨在它们北边的"征服者苏丹穆罕默德大桥"名字的由来了。这里是苏丹穆罕默德二世大展宏图的起点。大桥的名字就是为了纪念这位土耳其历史上的"千古一帝"。

大桥的结构与博斯普鲁斯海峡大桥的结构相同，由土耳其、日本和意大利的公司于1985—1988年间建成。1510米的大桥有1090米处于水面64米以上，8辆汽车可以在上面并排行驶。两端的钢桥塔高107米，牵引用的钢索更粗，直径有将近80厘米。

　　两座大桥相距仅5000米，像两条巨龙一样悬在海面上。风起时，海面上水波动荡，两桥似乎在微微摇摆，伴着车辆通行时引起的轻微颤动。

　　路易斯大叔他们随着游轮一路走，一路赏，一路评。海峡两岸浓密苍翠的树木中，点缀着依地势而建的民居和别墅。旧城区古老蜿蜒

的街区上寺塔如云，殿阁鳞次栉比，给人以典雅厚重的感觉；新城区百事俱兴，气象万千，给人以蒸蒸日上的感觉。两个城区你中有我，我中有你，彼此衬托，使这座千年之城呈现出传统与现代相融合的独特魅力。

博斯普鲁斯海峡：兵家必争之地

　　伊斯坦布尔还曾叫作君士坦丁堡，曾先后是拜占庭帝国、东罗马帝国和奥斯曼帝国的首都，后两者的疆域都曾横跨欧、亚、非三大洲。跨过那不足千米的博斯普鲁斯海峡，欧亚两大洲便相通了。控制了这个海峡，便也控制了周围的交通。奥斯曼帝国第七代君主穆罕默德二世为了渡过海峡，在海峡两岸专门修建了城堡，控制周边交通。现在，根据黑海、地中海沿岸国家签署的《蒙特罗协议》，博斯普鲁斯海峡是一条由土耳其管理的国际航线，也是世界上最重要最繁忙的航线之一。

第 2 章

三朝古都

　　伊斯坦布尔作为土耳其最大的城市和最大的港口，又是曾经的三朝古都，名胜古迹数不胜数。到土耳其旅游，伊斯坦布尔是首先要去、必须要去、一定要去、不能不去的地方！在美国《国家地理杂志》评出的"一生要去的50个地方"里，伊斯坦布尔是排名第三的城市。对于这样一座城市，多多他们三人又怎么能不好好游览一番呢？

像世界很多城市一样，伊斯坦布尔也分为新城和老城，他们首先去的便是老城。老城面积很小，只相当于伦敦的一个角落，其中的房屋建筑却鳞次栉比，这个城市大多数古老的著名胜地都在这里。一些用石头建造而成的古老的城墙和碉堡看起来非常壮观。

多多用手抚摸着城墙，问道："这里曾经是三个王朝的古都，那这些城墙是哪个王朝建造的呢？"

路易斯大叔说："首先建造这些城墙的人来自希腊，他们在公元前660年来到这里，因为知道这里难以防守，所以依山建立了城墙和碉堡，并定名为拜占庭。但这些城墙和碉堡并不能阻挡敌人的侵入，后来拜占庭先后被波斯人、雅典人和斯巴达人占领。公元前146年，拜占庭又被罗马帝国占领，后被改名为新罗马。罗马国王君士坦丁去世后，这里才被改名为君士坦丁堡。

"为了更加安全，每个朝代都扩建城墙。当城市里的房屋、人口增多时，居民就在城墙外再建一些城墙，一圈绕一圈，城市就慢慢扩展开来。1453年，奥斯曼苏丹穆罕默德二世攻占了君士坦丁堡，定都在这里，并改名为伊斯坦布尔。在奥斯曼时期，这些城墙也进行了多次修复。"

　　"唉——"多多长叹了一口气，"这些堡垒在古代能阻止敌人进来，却挡不住现代的人进来！"

　　"怎么这么说？"米娜奇怪地问。

　　"你们看那些房子呀！"多多用手指向一些房子。它们以残破的城墙作为基石，看起来怪怪的，但无疑是现代人居住的房子。而且原

来的护城河也已经被填平，上面大多种了一些蔬菜。在博斯普鲁斯海峡两岸，有许多木头房子。在新城区，公寓大楼等住宅区也纷纷拔地而起，显露出一派现代化的气息。但在这座日益现代化的城市，仍有一些古老传统的存在，比如澡堂，其中一些已经有几百年的历史。

　　在各个街道行走时，他们发现了许多大大小小的清真寺和教堂，几乎随处可见，数量多得让人惊叹。这让多多和米娜都很奇怪，路易斯大叔向他们解释说："伊斯坦布尔是个宗教信仰浓重的城市，几乎每个人都有自己的宗教信仰，尤其是信仰伊斯兰教的人最多，所以城市里几乎每个区都有清真寺。"

　　三人走在热闹的大街上，除了看到人来人往，还看到街道两边有

很多摊位，摊主在热情地招揽生意，卖的物品更是五花八门。

在路边的小吃摊上，他们品尝了许多土耳其的小吃，比如土耳其烤肉，包裹着肉、菜的薄皮饼，烤栗子，洒了芝麻的面包圈，加了开心果的软糖，烤鱼三明治……各种美味让他们流连忘返，不停抱怨自己的肚子不够大。

在街上，他们发现到处都有一些鸽子。当地人都很爱护鸽子，会给它们喂食。多多对此感到很好奇，问过之后，才知道土耳其人认为鸽子是一种神圣的动物，他们将鸽子视为珍宝，养鸽子已经有好几百年的历史了。

当他们走到金角湾的加拉塔大桥时，看到桥上挤满了人。这些人从高高的桥上垂下长长的鱼钩，在悠闲地钓鱼。多多好奇地问其中一个人："今天是周末吗？怎么这么多人在钓鱼？"

"没错，今天是周末！"那人的语气十分热情，"但除了周末，这里人也很多。我们土耳其人向来喜欢惬意的生活，只要是不下大雨，这里总会挤满了喜欢钓鱼的人。"

米娜看了看那人的收获，他旁边的水桶里居然装着六七条鱼。她说："你的收获还真不小。"

"一般啦。这里是马尔马拉海的入口，强大的海流将很多鱼送上来。如果你在金角湾钓不到鱼，回家可就不好交代喽！"

"原来这里的鱼很好钓呀，"多多忙说，"能让我试试吗？"

那个热情的土耳其人没有一丝犹豫，立即将钓竿转交到多多手里。只可惜多多的技术太差，十多分钟也没钓上来一条鱼。他没了耐性，便把钓竿又给了那人。

那人还非常热情地向他们推荐道："如果你们累了，可以去金角湾旁边的埃由普山丘上的一家咖啡馆，它在当地非常有名，是一个休闲的好地方，还提供土耳其传统的咖啡。"

那家咖啡馆位于埃由普山丘上的树荫之下，从咖啡馆上面可以俯瞰金角湾，确实是个依山傍水的好地方。但当他们走近时，却吓了一跳，因为在咖啡馆下面有一个墓园。这样一个令人毛骨悚然的地方，

又怎么会是一个休闲的好地方呢？坐在这里，谁又能放松心情吃吃喝喝呢？但令他们惊奇的是，这里人气极高，几乎是座无虚席。

接待他们的招待员开玩笑说："如果你坐在这个咖啡馆里喝咖啡，说明你还活着。当你不喝咖啡，在底下睡着了，那就证明你再也起不来了。"招待员还介绍说，这家店已经在这里开了200多年了，也不知道是先有的咖啡店，还是先有的墓园。

他们还发现一个奇怪的地方，这里的很多人喝的并不是咖啡，而是茶。米娜调侃说："不光土耳其这个国家地跨亚洲和欧洲，连这里的东西也都汇集了东西方的特色呢！"

路易斯大叔和多多各点了一杯咖啡，米娜则点了一杯茶，他们发现这里的咖啡和茶都非常好喝。

喝完咖啡和茶之后，他们又走到一个绿树成荫的公园。在绿油油的草地上，有很多当地人，他们有的在踢足球，有的坐在毯子上聊天，有的在烤肉，还有孩子们在追逐玩耍……许多年轻的女子穿着伊斯兰教的传统服装，显得端庄而不失美丽。

当他们靠近并坐在一块毯子上时，不但没有被驱赶，反而受到了热情的招待。经过交谈，他们知道，穆斯林国家一般以星期五作为假日，土耳其却是个例外，星期天才是假日。每到周末，土耳其人往往会全家集体出动，来到公园或花园，远离城市的污染和喧哗，观景赏花，放松身心。

"土耳其人可真会享受生活呀！"路易斯大叔不由得感叹。

咖啡起源

  咖啡的历史记载可以追溯到850年的波斯。它的历史最有可能是从埃塞俄比亚的"kaffa"地区开始的。一个牧羊人发现，有些羊吃了某种植物的叶子和果实后，变得特别躁动。附近的僧侣听说了，经过多次尝试后，将这种植物的种子烘焙、磨成粉，然后冲水喝，这能让他们在漫长的祈祷中保持清醒。后来，咖啡传到遥远的中东，又传播到世界各地。穆斯林在咖啡的传播中起到了很大的作用，因为他们的教义中禁止喝含酒精的饮料，所以咖啡很快成了他们生活的一部分。

第3章

来自远方的"客人"

多多和米娜早上起床后，发现路易斯大叔早已准备就绪，他还通过一位朋友聘请了当地的一位向导。

向导是位中年男子，非常健谈。向导向大家建议："我们首先去位于伊斯坦布尔老城中心的苏丹阿赫梅特广场，因为许多著名的历史遗迹就分布在广场周围，广场本身也是一个有名的景点。"

当他们来到苏丹阿赫梅特广场时，广场附近已停了许多旅游大巴，广场上有了许多游人。在进入广场之前，四周的郁金香吸引了米娜的目光，那些花正值盛放，有红色的，白色的，黄色的，粉色的……五颜六色，娇艳动人。

当米娜感叹郁金香的美丽时，向导骄傲地说："很多人只知道郁金香是荷兰的国花，但不知道它真正的故乡却是我们土耳其！奥斯曼帝国时期，伊斯坦布尔就已经开始大量种植郁金香，后来

才传到西方。在
我国的清真寺、皇宫
等建筑中，经常用郁金香的
图案来作为装饰。在很多手工艺品
和生活用品中，郁金香美丽的身影也常常出现。"

向导接着将话题引向了广场，他说："这个广场曾经是罗马时期的赛马场，在293年建造。在那个时候，这里可大了。赛马场长400米，宽120米，周围有40排座位，可容纳3万人观看比赛呢！"

"这里除了举行过赛马比赛，还是一个政治中心，曾发生过很多重大事件。比如在奥斯曼帝国时期，苏丹的近卫步兵团就曾在这里发

动过多次动乱。"

　　这个广场不愧是个重要的地方，竖立着许多重要的历史纪念物，简直是个露天博物馆，其中最为有名的是喷泉亭和三座纪念碑。

　　喷泉亭是新拜占庭式的，呈青铜色，是座圆顶的亭子，喷泉就在其中，精美而别致。虽说是喷泉亭，现在却已经没有水了，但其造型依然雄浑优美，为广场增添了许多美丽。

　　"这个喷泉亭又称为德意志喷泉，"向导说，"因为它是德国皇帝威廉二世在1898年送给奥斯曼苏丹的。"

　　广场中央矗立着一座方形的尖塔，名叫"迪克利石碑"，由坚硬的花岗岩制成，看起来很高。石碑的底座四周都是浮雕，刻的是古代国王观看赛马比赛的场景以及比赛前的舞蹈表演。石碑四周则雕刻着

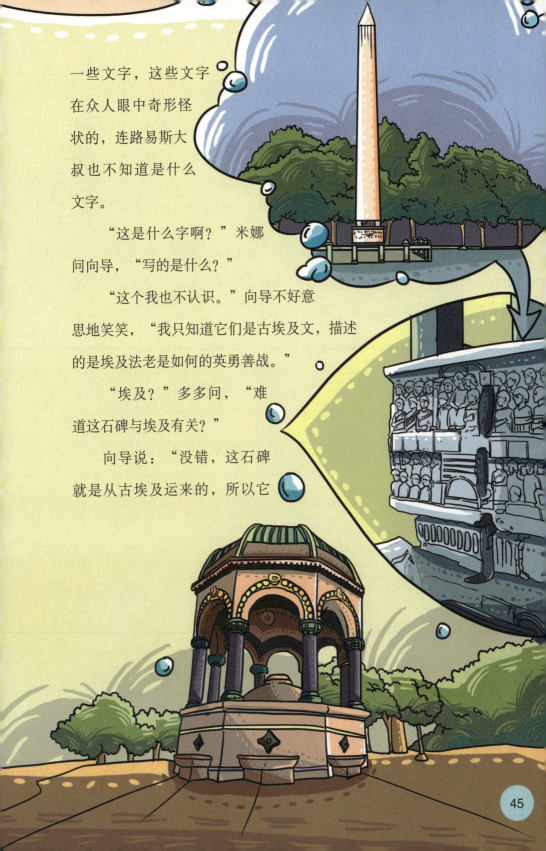

一些文字，这些文字在众人眼中奇形怪状的，连路易斯大叔也不知道是什么文字。

"这是什么字啊？"米娜问向导，"写的是什么？"

"这个我也不认识。"向导不好意思地笑笑，"我只知道它们是古埃及文，描述的是埃及法老是如何的英勇善战。"

"埃及？"多多问，"难道这石碑与埃及有关？"

向导说："没错，这石碑就是从古埃及运来的，所以它又被称为'埃及方尖塔'。它距今已经有3500多年的历史，在公元前1550年由埃及法老图特摩西斯三世下令打造，原本被放在埃及卢克索的亚蒙神庙中。在390年，拜占庭帝国的皇帝西奥多西亚一世把石碑运到了这里。原来这石碑高达32.5米，为了运送的方便，底下一端被截去一部分，变成了20米高。"

在迪克利石碑前围着一圈铁栏杆，中间是一根蛇形青铜柱。向导说，这里原来是古赛马场的中心。三条青铜色的大蛇纠缠在一起，盘旋向上。它原来应该是很威武的，只是现在已有了破损，有的地方出现了破洞，上面的三个蛇头也不知去向，只剩下一根青铜柱，似乎在缅怀过去的辉煌。

多多问："那些蛇头都到哪儿去了啊？"

向导遗憾地说："其中两个蛇头在搬运时就被损坏了，仅剩的一个

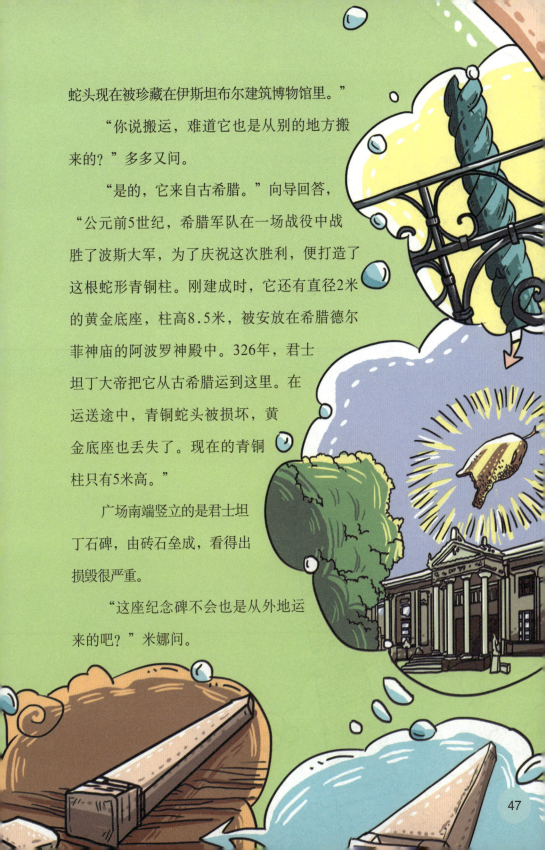

蛇头现在被珍藏在伊斯坦布尔建筑博物馆里。"

"你说搬运，难道它也是从别的地方搬来的？"多多又问。

"是的，它来自古希腊。"向导回答，"公元前5世纪，希腊军队在一场战役中战胜了波斯大军，为了庆祝这次胜利，便打造了这根蛇形青铜柱。刚建成时，它还有直径2米的黄金底座，柱高8.5米，被安放在希腊德尔菲神庙的阿波罗神殿中。326年，君士坦丁大帝把它从古希腊运到这里。在运送途中，青铜蛇头被损坏，黄金底座也丢失了。现在的青铜柱只有5米高。"

广场南端竖立的是君士坦丁石碑，由砖石垒成，看得出损毁很严重。

"这座纪念碑不会也是从外地运来的吧？"米娜问。

向导笑道："它不是从外地运来的，是土耳其人自己建造的。公元10世纪，君士坦丁七世为了纪念他的祖父，下令建造了这座石碑。当时，它有32米高，碑身上镶嵌着青铜浮雕。公元13世纪，拉丁人入侵伊斯坦布尔，石碑遭到毁坏，覆盖在外面的青铜浮雕也被夺走。在1894年的地震中，它再度遭到严重损坏。后来，土耳其政府对它进行了重建，但已无法再现青铜浮雕以往的纹路了。"

看着这个广场，几个人心中都感慨万千。虽然它曾经的辉煌已不复存在，但它依然是当年强盛帝国的见证者。

青铜

　　青铜是在纯铜中加入锡或铅得到的合金，呈现出青灰色，所以被称为青铜。与纯铜相比，青铜更容易铸造，而且化学性质稳定，更耐磨损。早在公元前3000年，人类历史上已制造出青铜，它是金属冶铸史上最早的合金，也是人类历史上的一项伟大发明。青铜一被发明，便立即盛行起来，用青铜铸造的兵器、生活用品等开始大量出现。

第 4 章

智慧之神的秘密

　　苏丹阿赫梅特广场西边不到100米的地方，屹立着一座古老的建筑，气势恢弘，肃穆庄严，那就是圣索菲亚大教堂，是世界"七大奇迹"之一，还是世界十大令人向往的教堂之一。

　　大家在前往圣索菲亚的途中，路易斯大叔说："圣索菲亚的意思是'智慧之神'。公元4世纪，拜占庭帝国的君士坦丁大帝为了供奉智慧之神索菲亚，花费巨资建造了这座教堂，这在当时是世界上最宏伟、最精美的教堂。我听说呀，它从建成到现在，经历了很多劫难。"

"你说得没错，"向导接着说，"404年，它就在一次起义中被烧毁，重新建好后，在532年的农民起义中再次被烧毁。大教堂后来还经历了几次战火，还有几次在地震中受损，当然也经过了多次重建。1453年，奥斯曼帝国占领君士坦丁堡后，把大教堂改建成了清真寺。1932年，国父凯末尔下令将教堂改为博物馆。现在呢，这里是一个宗教博物馆，也被称为阿亚索菲亚博物馆。"

听了向导的话，大家都不由得看向那命运多舛的大教堂。虽然经历了1600多年的沧桑，它却仍傲然挺立在宽阔的教堂广场上，向世人展示着无与伦比的风采。

他们走过一条满是游人的小路，来到了教堂广场。广场上有大片平整青翠的草坪，四周绿树成荫，其间点缀着各色小花。草坪中间有一个大水池，池中清水碧波。一条石砌的小路贯穿草坪，一直通往大教堂。

大教堂被高大的树木环绕着，抬眼望去，最显眼的是它那巨大的圆顶。大圆顶两端连着两个小圆顶，每个小圆顶又连着更小的圆顶。圆顶层层叠叠，别具魅力。向导指着那大圆顶说："它的直径有33米，离地高55米，是世界五大圆顶之一。"

大教堂的4个角落还分别矗立着4座高大的伊斯兰尖塔，这在伊斯兰教中叫作宣礼塔，这也是圣索菲亚曾被改造为清真寺的最鲜明的标志。

总之，整座教堂既有罗马艺术的风格，又有东方文化的韵味。

教堂的入口处有3扇相连的大拱门，进入教堂，大厅里有些幽暗，只有一些阳光从教堂天顶的窗户里透射进来，使教堂显得很神秘。

大厅非常宽敞，向导说可以容纳数千人。在入口的正前方，陈

列着一个伊斯兰教徒面向麦加祈祷的圣龛，是金色的，设计得非常精致。圣龛两侧还有一对精美的烛台，向导说，这对烛台来自匈牙利。

在麦加朝拜圣龛的右侧，是明巴讲道坛，基座用大理石建成，具有典型的奥斯曼风格。麦加朝拜圣龛的左侧是一个金雕的小高台，这是苏丹专用的祈祷空间。据向导说，站在上面可以看到整个大教堂的内景，可惜游客被禁止进入。

在大厅之中，多多和米娜还发现了一件有趣的事情，站在大厅的中央的人如果大声说话或者拍巴掌，声音经过四周石壁的反射之后，大家都能听得很清楚。

大穹顶的四周还悬挂着写有阿拉伯文字的圆盘，文字是金色的。向导说："这些文字是19世纪伊斯兰教的大书法家写的，分别写着安

拉真主、先知穆罕默德和几位哈里发的名字，它们是世界上最大的阿拉伯文字。"

支撑教堂大穹顶的4根大理石圆柱上画着天使的画像，使整个大厅显得华美而庄重。

教堂的顶部和四周都是色彩绚丽的马赛克镶嵌画和精美的壁画、雕塑，内容大多和各种宗教仪式有关。

说到那些马赛克镶嵌画，比较引人注目的是圣母玛利亚怀抱圣子像，它被画在麦加朝拜圣龛上方的半圆顶。圣母玛利亚看起来很年轻，身穿深蓝色的衣袍，抱着圣子坐在镶满宝石的宝座上。圣子虽然还是幼童模样，但面容很成熟，衣服上缝满金箔。

在大厅出口处，摆放了一面反射镜，不用回头就可以看到门口上方的那幅《向圣母献上圣索菲亚》，画像中间的圣母同样怀抱圣子。向导介绍说："这幅画大约在10世纪下半叶完成，当时的统治者是斯巴斯里二世。画像右侧是君士坦丁大帝，他在向圣母敬献君士坦丁堡。左侧是查士丁尼皇帝，他在向圣母敬献圣索菲亚大教堂。"

在西南大门的顶上，有一幅《全能的基督》的镶嵌画，描绘的是耶稣坐在半圆的王位上，左手拿着一本书，右手摆了一个"祝福"意思的手势。左侧是天使的半身像，右侧是圣母玛利亚的半身像。耶稣前面还有一个人匍匐在地。向导说："跪在地上的人是当时东罗马帝国的皇帝里奥三世。"

向导带大家沿着用碎石铺成的路上了二楼，来到一个大理石门前。大门显得非常厚重华丽，门上雕刻着繁复的花纹图案。

向导指着大门说："这个门叫作'天堂地狱之门'，你们看大门右边的花纹，代表的是天堂。大门左边没有任何花纹和图案，代表的是地狱。穿过这道门，就意味着从地狱进入天堂了。"

　　大家从"地狱"进入"天堂"，看到的是一个很像会议室的密室。向导说："1054年，罗马教廷曾派使节在这里与君士坦丁堡的首领进行和解商谈，但失败了，从此东西方教会彻底决裂，君士坦丁堡便成了东正教的中心。"

　　密室的墙壁上也有马赛克镶嵌画，上面是耶稣、圣母和施洗礼人约翰的画像，这幅画像现在已残缺不全。

　　在二楼的镶嵌画中，有一幅《康姆莱诺斯皇帝夫妇与圣母子》。圣母怀抱圣子处在中间，左侧站立的是康姆莱诺斯皇帝，他手捧钱袋，象征着将帝国的钱财都献给教会；右侧站立的是伊莱内王后。皇帝夫妇都头戴皇冠，穿着缀满宝石的衣服，金色的马赛克金光闪闪。

　　此外，二楼还有许多精美的镶嵌画让大家感叹不已。多多不禁说道："真是太漂亮了！但是，向导叔叔，你说过大教堂曾经历了那么多次战争和劫难，那这些镶嵌画为什么还能保存得这么好？"

　　向导回答说："这是因为奥斯曼帝国在占领君士坦丁堡后，把大

教堂改建成清真寺时并没有把这些镶嵌画铲下来，只是把它盖住了。土耳其共和国成立后，大教堂成为博物馆，去掉了盖住壁画的东西，墙壁上的镶嵌画才又重见天日。"

一楼和二楼被设计成空心的环状结构，向里的一面是一排栏杆，栏杆和外墙之间有宽大的走廊。大家站在栏杆处向下望去，可以将大厅内的一切尽收眼底。向上望去，头上罩着巨大的穹顶。

米娜惊奇地说："我怎么觉得自己好像浮在半空中，离上面的天很远，离下面的地也很远。真是奇特！"

"在这里能同时看到两种宗教的不同文化，"路易斯大叔说，"如此震撼的建筑，不愧被誉为'东方与西方、过去与未来相结合'。"

几人走下楼，在离开大厅时，忽然发现在大厅的一角有很多人在排队，等着把手指插进一根巨大的大理石柱子的凹洞里。多多和米娜

都非常奇怪：人们这是在干什么呀？

"这大概就是传说中的'泪柱'吧。"路易斯大叔说，"有人还把它叫作'哭泣的石柱'。"

"没错，那根柱子就是泪柱。"向导说，"柱子上有一个潮湿的凹洞，据说，如果有人把大拇指插入洞中，而且在保持双脚不动的情况下，旋转手掌360°，他所许的愿望就会实现。如果洞中有水渗出，愿望实现的可能性就会增大。"

"关于泪柱还有一个传说呢。"路易斯大叔接着说，"有一天，查士丁尼大帝头疼

得很厉害，想了很多办法也没治好，于是来到圣索菲亚大教堂祈祷，可是也没用。当他经过泪柱时，便倚在泪柱上休息，没想到头立刻不疼了。从此，拜占庭人也向皇帝学习，一旦头痛或有其他不舒服，就来触摸泪柱。久而久之，泪柱上被磨出了一个凹洞，而且凹洞越来越大，神迹也被传得越来越神奇。"

"泪柱真有这么神奇的力量吗？我们也去试试。"多多和米娜嚷道，立刻加入了等待的队伍。当他们触摸完泪柱后，多多兴奋地说："我摸到洞里的水了，我的愿望一定会实现的！"

向导笑道："其实这根柱子地底下连着蓄水池，湿气上升至柱子，就好像柱子在流泪，并不是什么神迹。"

他们从大厅走出来，继续向前走去。

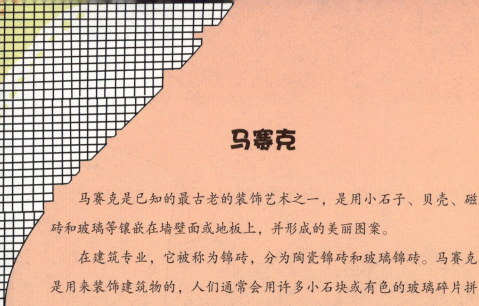

马赛克

马赛克是已知的最古老的装饰艺术之一，是用小石子、贝壳、磁砖和玻璃等镶嵌在墙壁面或地板上，并形成的美丽图案。

在建筑专业，它被称为锦砖，分为陶瓷锦砖和玻璃锦砖。马赛克是用来装饰建筑物的，人们通常会用许多小石块或有色的玻璃碎片拼成各种图案。在拜占庭帝国时代，随着基督教的兴起，马赛克发展成为教堂和宫殿中的壁画形式。现在的马赛克更多的则是瓷砖的一种，小巧玲珑，色彩斑斓，一般由数十块小砖组成一块大砖。

第5章

土耳其人的"故宫"

土耳其也有一个类似中国故宫的皇宫，它就是托普卡帕宫。这座宫殿以前是奥斯曼帝国的皇宫，现在则是一个博物馆。多多等人正在前往托普卡帕宫的路上。

在路上，路易斯大叔对大家说："奥斯曼帝国占领伊斯坦布尔后，就开始建造这座宫殿，大约在1478年建成，苏丹把它命名为

'苏丹的城堡'，又叫'托普卡帕宫'。从建成后到1854年，在大约400年的时间里，有25位苏丹曾住在这座宫殿里，最多时住了6000多人。"

托普卡帕宫位于伊斯坦布尔地势最险要的地方——博斯普鲁斯海峡南部入口处一个叫"皇宫岬"的山顶上。它三面环海，巍然屹立在险峻的岬角上，雄视亚欧两洲，一派君临天下的气势。

帝国之门是皇宫最外围的城墙门。他们穿过帝国之门，进入第一庭院。里面有个大花园，草地非常开阔，据说过去曾是精锐的土耳其军队操练的场所。不远处，是掩映在绿树中的伊莲娜教堂。向导说："伊莲娜教堂是在拜占庭时代建造的，比圣索菲亚大教堂还要古老，

是伊斯坦布尔最古老的教堂。在奥斯曼帝国，这里虽然没有被改成清真寺，却曾被苏丹用作古董房。现在，经常在这里举行音乐会。"

　　他们走过一段林荫道，来到了皇宫的主入口——崇敬之门。它是皇宫三座城门中最漂亮的一座。城门两侧分别有一个八棱形锥顶的高塔。城门上有黑底金色的阿拉伯文字，两旁还有苏丹穆罕默德的印玺。

　　"这阿拉伯文字写的是什么？"多多问。

　　"是《古兰经》最重要的教义，"向导说，"在奥斯曼时期，王公大臣走到这道门前必须要下马，并且要脱帽向大门行礼，以表示对苏丹的尊敬，然后才能步行入内。只有苏丹和他的母亲可以骑马经过这道门。"

经过安检后，他们穿过这道门，进入了第二庭院。庭院中央有一条宽阔的大道，是苏丹专用的。大道左边有一条小路，是供大臣们走的，可以通向庭院左边的议政厅。大道右边也有一条小路，可以通往御膳房。

议政厅是座圆锥顶的高楼，空间不大，陈设也比较简单。米娜好奇地问："既然叫议政厅，应该是苏丹和大臣们开会的地方呀。这么重要的地方，应该装修得很豪华，很舒服才对，为什么这里的摆设这么简单？难道是我猜错了？"

"你没有猜错。"向导说，"这里确实是苏丹召集大臣们议政的地方，还是正式的会客之所。这里的陈设虽然简单朴素，但里面的玄机可不小呢。看到右面墙上的那扇格子窗了吗？苏丹从不亲临会议场所，但会隔着格子窗聆听会议的进程。当窗帘被拉上，并有人敲打窗户时，这是苏丹在下令散会。"

"苏丹真奇怪，跟大家一起开会多好，还非得隔着窗户，多麻烦

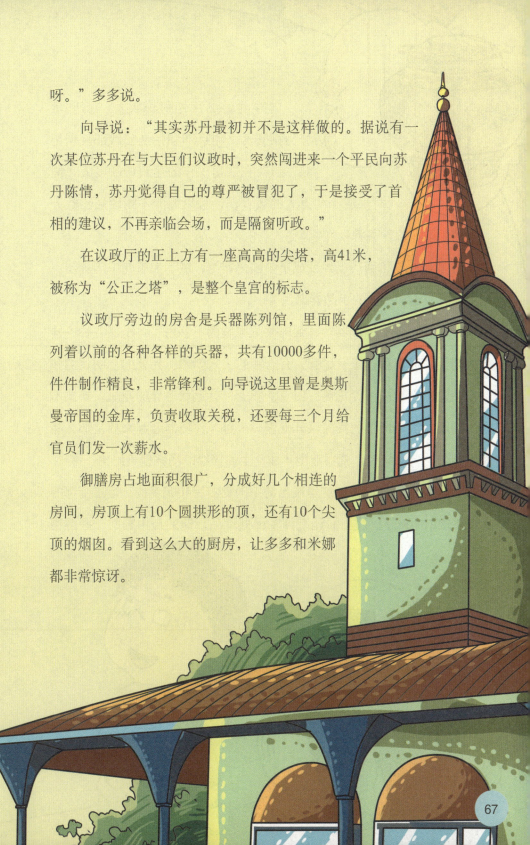

呀。"多多说。

向导说:"其实苏丹最初并不是这样做的。据说有一次某位苏丹在与大臣们议政时,突然闯进来一个平民向苏丹陈情,苏丹觉得自己的尊严被冒犯了,于是接受了首相的建议,不再亲临会场,而是隔窗听政。"

在议政厅的正上方有一座高高的尖塔,高41米,被称为"公正之塔",是整个皇宫的标志。

议政厅旁边的房舍是兵器陈列馆,里面陈列着以前的各种各样的兵器,共有10000多件,件件制作精良,非常锋利。向导说这里曾是奥斯曼帝国的金库,负责收取关税,还要每三个月给官员们发一次薪水。

御膳房占地面积很广,分成好几个相连的房间,房顶上有10个圆拱形的顶,还有10个尖顶的烟囱。看到这么大的厨房,让多多和米娜都非常惊讶。

向导的话更让他们惊叹："御膳房分为御膳部、甜点部和侍从餐饮部。据记载，当时在这里工作的达到1000多人，能同时供应一两万人的饭食，还可以源源不断地端出数万斤的烩肉和各种菜肴！

"如今，御膳房已经变成了中国瓷器馆，展示大量的中国瓷器、奥斯曼银器和欧洲的水晶器皿。"

他们走进中国瓷器馆，顿时感觉眼睛都不够用了：里面各种各样的瓷器琳琅满目，应有尽有，有唐朝的、宋朝的、元朝的、明朝的和清朝的；有青瓷、青花瓷、白瓷、彩瓷；有形状各异的花瓶，样式不一的碗、盘，造型优美的双耳提壶……每一件瓷器看起来都是那么晶莹剔透，质地细腻，瓷器造型华丽，上面描绘的图案精美绝伦。

向导自豪地说："这里展出的中国瓷器有4000多件，馆里全部的收藏有10700件！这里面还有许多稀世珍品，即使与中国的一些博物

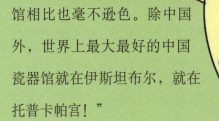

馆相比也毫不逊色。除中国外，世界上最大最好的中国瓷器馆就在伊斯坦布尔，就在托普卡帕宫！"

在向导的带领下，他们开始观赏这些珍贵的瓷器。其中有一个瓷碗，上面竟然烧制了苏东坡的《赤壁赋》，这种碗就是在中国也很难找到。

在观赏时，米娜还发现了一个现象，她问向导："这些瓷器怎么大多数是青瓷和青花瓷呀？"

向导说："这是因为苏丹相信这样的瓷器能够鉴别食物是否有毒，任何有毒的食物放在这些瓷器上，瓷器就会立刻变色。"

瓷器馆里还挂着一幅15世纪的古画。画中有推着四轮车的中国商人，车上装满瓷器，车旁有负责护送的手执长矛的武士。与商人同行的还有骑驴的老人和妇女，其中还有很多满脸虬髯、深目高鼻的西域人。

一看到这幅古画，多多便说道："很明显，这上面画的是当时人们运送瓷器的场景。可是，瓷器是很容易破碎的东西，他们是怎样把它们从遥远的中国运到这里的呢？"

"对于这点，我倒有所了解。"路易斯大叔说，"当年，人们陆路的运输是通过著名的'丝绸之路'进行的，而土耳其就是'丝绸之路'的终点。为了避免瓷器在长途颠簸中破碎，商人们想了一种包装方法：把瓷器放在潮湿的地上，在每件瓷器中灌满土，撒上某些植物的种子，根据瓷器的品种和规格，每10件捆成一摞，空隙中撒满沙土，再撒上种子并浇水。不久，种子发芽，互相缠成一团，把瓷器紧紧地包住。接下来是检验，商人会把包装好的瓷器使劲往地上摔，没

有破碎的才算合格，才能具备装车的资格。装车时，商人还会故意让包裹着瓷器的'土方'滚落到地上，没有丝毫破损的才能被运送上路。"

"这样的办法都能想得到，他们真是太聪明了！"米娜赞叹道。

在托普卡帕宫，最令人产生退思的莫过于苏丹的"后宫"，多多他们三人也都对后宫非常好奇。

后宫在托普卡帕宫中自成一个完整的空间。在进入后宫之前，向导特意叮嘱他们："参观后宫时要跟紧我，千万不要乱走。后宫里有300多个房间厅堂，一不小心就会迷路。而且参观

后宫只能走固定的路线，大多数房间是不对外开放的。在进入一些比较珍贵的房间时，也必须踩在固定的地毯上，否则可能会损坏陈旧的木板或古老的地毯。"

"规矩还挺多！"多多嘀咕了一句，跟在向导身后往后宫走。

"你算幸运的了。"向导说，"在奥斯曼时期，除苏丹和他的母亲、妻妾、公主、太子、黑人宦官之外，任何人都进不了后宫。只有三种男性可以在特定的日子里进入指定的房间，他们是医生、太子的老师和庆典时召来的乐师，而且他们必须是伊斯兰教徒。"

在多多和米娜想来，后宫应该是高大宽敞、极尽奢华的，但事实并非如此，里面的布局相当局促。最外面是宦官的住处、各议事官入

口和侍女的空间，内部才是苏丹妻妾妃嫔的居室，主
要的厅堂之间由狭窄的回廊和楼梯相连。就连妃嫔的房间大多数也称
不上宽敞，连舒适都谈不上。因为大多数房间的窗户装饰着复杂的图
案，里面的光线非常昏暗。

　　他们穿行在一道道的门廊庭院之中，来到了赫赫有名的"黄金
道"。这是苏丹在节庆时犒赏嫔妃的地方，其实也只是一条阴暗的通
道而已。

　　总之，整个后宫给人的感觉就是压抑和不舒服。

　　后宫中最豪华、精美的是皇帝厅，又称圆顶
厅，圆顶中央垂挂着巨大的水晶灯，看起来
很华丽。整个大厅都装饰着色泽丰润鲜艳的
瓷砖，一些金色的雕饰也仍旧闪闪发光。厅

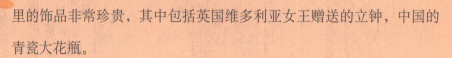

里的饰品非常珍贵，其中包括英国维多利亚女王赠送的立钟，中国的青瓷大花瓶。

为了让大家看清宦官的模样和服饰，黑人大总管的房间里还摆设了两个真人大小的宦官人偶，一个坐在地毯上，一个站在地毯前，都是头戴高帽，身穿长袍。

"土耳其当地没有黑人，这些黑人是从哪里来的呢？"米娜问。

"他们都是从非洲抓来的俘虏。"向导说，"但他们在后宫的地位相当高，黑人大总管的地位仅次于苏丹的母亲。"

多多和米娜很自然地对曾生活在后宫里的女子产生了好奇。向导说："后宫女子们的生活并不像人们想象中的那样奢

华铺张。苏丹的母亲掌管着后宫的一切，生活自然极尽奢华，但绝大多数嫔妃和宫女生活得相当压抑和不幸，生活条件也很一般。她们没有自由，只能生活在这狭小的空间。"

"这些女子是从哪里来的？"米娜问。

"每当新苏丹即位，黑人宦官就会去购买女子，选入后宫，据说一次就得买500人。他们首选来自高加索地区的、金发碧眼的女子，因为她们体态健美，生育能力强。这些女子入宫后，必须放弃原来的宗教信仰，改信伊斯兰教。苏丹最年长的儿子会成为帝国的继承人。因此后宫女子全都以早一刻生出儿子，然后成为苏丹的母亲为目标。所以，这些女子之间的斗争非常残酷。"

第二庭院的尽头是"幸福之门"。这个门还叫作"宝座门"，因为在奥斯曼时期，每逢举行苏丹的登基大典、节日庆典，或者军队出征前举行授旗仪式时，苏丹的宝座就安放在该门前面的高台上。穿过"幸福之门"，便进入了第三庭院，这里是苏丹的私人空间。

　　幸福之门的后方是觐见厅，遮挡着第三庭院。觐见厅是座方形的建筑，具有明显的土耳其特色，有22根圆柱环绕在外，支撑着大屋顶。里面有一个穹顶的房间，与之相连的是两个较小的房间。

　　多多说："这里既然叫觐见厅，一定是苏丹接见大臣的地方吧？"

　　向导说：“是的，除了在这里接见大臣，还接见各国使者，甚至一般的民众。它建于15世纪，原来的屋顶上漆着青蓝色，并以金色的星星点缀。墙壁上的砖都是蓝、白或青色，地上则铺着珍贵的地毯。这种华美的景象让来到这里的人无不印象深刻，对苏丹的权力也会感到敬畏。但这里在1856年曾被大火烧毁，重建后与昔日的面貌有了很大差别。”

　　在觐见厅靠近门的地方，还有一个很精美的洗手台，不但可以用来洗手，据说流水声还能让别人听不到苏丹和大臣的谈话声。

觐见厅后方的东面是御衣馆。屋顶呈拱形，由14根柱子支撑，里面收藏着历代苏丹穿过的朝服以及日常穿的衣袍。这些衣服大多数是红色的，每件都显得很华丽，很厚重。向导说："这里的御衣共有2500多件，很多是用中国的丝绸制作的。"

　　"怪不得我觉得有些衣服上的图案和花纹很像中国的呢。"米娜说。

　　觐见厅的正后方是苏丹的图书馆，里面收藏着很多皇家图书。图书馆是用大理石建造的，为了防潮，地基建得特别高。房顶是圆形的，看起来就像是一座小的清真寺。在主入口下方有一个水池，堆砌的石头雕饰得非常典雅。只可惜图书馆现在不对外开放，他们只能遗憾地站在外面。尤其是路易斯大叔，连连叹气："唉，真想去看看里面都有些什么书啊！唉……"

第三庭院里还有一座伊斯兰教圣物馆和绘画馆。伊斯兰教圣物馆展示的是伊斯兰教的圣物，其中包括了先知穆罕默德的各种遗物，比如他的长剑、牙齿、信件和毛发等，价值不可估量，是伊斯兰世界的稀世之宝。

绘画馆专门陈列苏丹的画像，从1299年奥斯曼帝国的第一位苏丹，到1922年的最后一位苏丹，共36位苏丹的画像全都在这里展示。

画像都是油画，多数是欧洲画家的作品。通过这里的10000多幅画作，人们可以大致了解历任苏丹的长相和奥斯曼皇室的生活。

在所有的展示馆中，最引人注目的是珍宝馆，它在过去就是皇室专门收藏珍宝和艺术品的地方。一走进珍宝馆，多多等人就感到眼睛几乎要被晃花了。多数珍宝都是金光闪闪的，一个比一个精美，一个比一个重。有镶满宝石、精美绝伦的宝座和匕首，有闪烁着璀璨光芒的巨大钻石……可见奥斯曼帝国当年是多么的强大和富有。

多多看着眼前的一个纯金烛台，上面镶满了蓝宝石。他张大了嘴巴，两眼发光地说道："这得值多少钱啊！还有那个宝座，那个皇

冠……这么多珍宝，都是从哪里来的啊？"

　　向导忍不住笑起来，说道："你看到的这个纯金烛台，有46千克重，上面有6666颗蓝宝石！宝石数量与整部《古兰经》的节数正好相等。这些珍宝有的是从敌人那里缴获来的，有的是外国送给苏丹的礼品，但更多的是奥斯曼工匠制作的艺术品。你看到的还不是最珍贵的，这里还有两件镇馆之宝。"

　　在向导的带领下，他们看到了那两件镇馆之宝。一件是托普卡帕匕首，柄上有3颗大绿宝石，刀鞘的表面则由瓷釉和钻石制成。向导说："1747年，苏丹马赫穆特一世命人制作了这把匕首，作为波

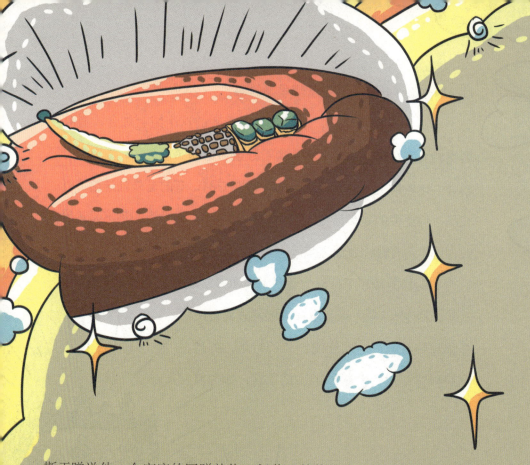

斯王赠送他一个宝座的回赠礼物。但苏丹的使臣在途中听说波斯王被暗杀了，于是中途返回，匕首便留在了托普卡帕宫。"

另一件镇馆之宝是一颗86克拉的汤匙钻石，呈梨形，置放在银器上，围绕着两圈49颗小钻石，在灯光的照射下光芒四射，璀璨夺目。

路易斯大叔说："它是世界第三大钻石，有人认为它就是世界文学名著中提到的下落不明的'庇高特钻石'，因为庇高特钻石重85.5克拉，与这颗钻石相差无几。"

"那庇高特钻石是怎么来到这里的？"米娜问。

"这里面有个故事。"路易斯大叔说，"1774年，法国一个名叫庇高特的军官从印度某邦首领那里买了一块大钻石。钻石经过几次转手后，到了拿破仑的母亲手里。拿破仑被流放时，为了解救拿破仑，他母亲将钻石卖掉，希腊总督阿里帕夏用15万金币买下了这颗钻石（当时希腊在奥斯曼帝国的版图内）。后来，阿里帕夏因罪要被问斩，临死前他命家人将这颗钻石砸碎，但没人舍得砸碎这么名贵的钻石。在阿里帕夏被抄家时，庇高特钻石被带进了托普卡帕宫。"

大家一边嘘唏着，一边通过绘画室左方的缺口进入皇宫最深处——第四庭院，里面有一些亭楼、宫殿、花园等，有较浓厚的西方色彩，设计风格明快而开放，这是皇宫其他地方所没有的。

在这里的宫殿中，最华丽的要算是巴格达殿了。巴格达殿建于1639年，外部用大理石、蛇纹石和斑岩构成，玄关处有三道门。里面的架子和柜子是镶嵌式的，装饰着红、黄、绿的砖块。墙壁上贴着蓝白相间的伊兹尼蓝瓷砖。

开斋厅是一个相当开阔的房间，有着金色的圆顶。这里地势较高，正好面对金角湾。站在厅中远眺，金角湾和加拉塔大桥清楚可见，风景美不胜收。

托普卡帕宫基本观看完了，多多他们却都还沉浸其中，不知该用什么词来形容它的雄伟、壮观和豪华。向导却有些感伤地说："19世纪中期，苏丹厌倦了托普卡帕宫，搬进新建的多尔玛巴赫切宫。从此，奥斯曼建筑失去了自己的特色，这个帝国也慢慢走上了末路。"

丝绸之路

　　它是古代连接亚洲、非洲和欧洲的一条商业贸易路线，起点是中国古代的政治、经济和文化中心——长安（今西安），跨越陇山，穿越河西走廊，经过玉门关和阳关，到达新疆，然后沿绿洲和帕米尔高原通过中亚、西亚和北非，最终到达非洲和欧洲。丝绸之路最初用作运输中国的丝绸，后来渐渐成为东方和西方之间进行政治、经济和文化交流的主要通道。

第6章

地下水宫探秘

"大叔，你看过电影《特务迷城》和《007：大破天幕杀机》吗？"多多忽然问。

路易斯大叔摇摇头。米娜却说："我都看过，挺精彩的。怎么啦，这跟我们的旅行有关系吗？"

"有关系，有很大的关系！"多多说，"这两部电影有一个相同的外景拍摄地，就是伊斯坦布尔的耶雷巴坦地下水宫。从电影中看，地下水宫真的是很梦幻、很神秘呀！我们就去那里亲眼见识一——

下吧？"

路易斯大叔自然没有意见。向导也说伊斯坦布尔有为数众多的地下宫殿，但规模最大的就是耶雷巴坦地下水宫。整座水宫长140米、宽70米，是伊斯坦布尔最壮观的历史遗迹之一。

耶雷巴坦地下水宫位于圣索菲亚大教堂西南方不远的地方，原名是巴斯利卡水库。

进入地下水宫的入口，他们沿着台阶往下走，慢慢就走进了一个水下的宫殿。只见到处都是从水底升起的高大的石柱，在昏黄的灯光照射下，呈现出一种橙黄色的迷幻色彩。

多多和米娜数了一下，石柱共有12排，每排有28根，石柱之间的距离大约有4米。

多多算了一下，说："12乘以28等于336，有这么多石柱支撑着，一看就知道是一座很大的宫殿。只是为什么又说它是水库呢？"

"这要从它的建造历史说起，"路易斯大叔说，"据说，在3到4世纪，水宫的原址是一个大天主教堂，后来被毁于两次火灾。542年，拜占廷皇帝命令将教堂废墟改建成地下水库，目的是为了当城市被敌人围困时能有充足的水源，当时动用了7000名奴隶来修建水库。"

"这个水库的蓄水量可达10万吨，能够供当时全城的人喝一个月。拜占廷时期，宫廷用水主要由这个水库提供。奥斯曼帝国时期，水库甚至为托普卡帕宫提供用水。后来，因为苏丹不喜欢使用储水，

这个水库就被废弃了，从此深埋地下，不为人所知。16世纪中期，荷兰人吉利斯来到伊斯坦布尔考察拜占廷遗迹，发现了地下水库，这才使它重见天日。在它被发现之前，老城的居民经常听到有水声，却不知其中的玄机。"

　　大家沿着湿滑的石板路穿行在巨大的石柱之间，就着昏暗的灯光可以看到每根石柱的表面已不再平整，留下了流水的痕迹。向导说，这些石柱是从罗马帝国的一些神殿中搬来的。它们大多是一根完整的柱身，也有一些由两块巨石拼接而成。正是因为有这么多石柱的支撑，加上半圆形的拱顶，才能承受上面的重量和水压。

他们的脚下是一池浅浅的清水，清澈见底，水底五颜六色的鱼儿穿梭往来。在氤氲的水汽中，每根石柱的底部都散发出暖红色的、幽幽的光芒。耳畔响着潺潺的水声，偶尔会听到头顶的水珠掉落在水中时发出的"叮咚"声……这让多多和米娜感觉好像在做梦一样。

在大家仔细查看时，发现有的石柱上雕刻着图案，其中最特别的一根是"泪柱"。从水宫入口一直走到底，再往左转，就可以看到泪柱的全貌。泪柱上雕刻着华美的树纹和孔雀眼的纹路，很像倒流的眼泪，在灯光照射下闪着绿幽幽的光，非常漂亮。

"看到这上面的眼泪，就好像有人在哭一样，让我也觉得有些伤心了。"米娜说道。

"这里确实有个让人心酸的传说。"向导说，"据考证，这是建造水宫的奴隶们特意留下的，以纪念当年为建造这座水宫而死去的数百名奴隶。这些心酸的眼泪，大概就是这些奴隶们在哭吧。"

从泪柱那里继续往前走，他们惊奇地发现了两个被压在石柱下的头像。一个头向下倒置，一个侧放。

一看到头像上那些蛇形的头发，米娜立刻喊道："我知道！这是蛇发女妖美杜莎的头像。"

"我也知道，"多多不甘示弱地说，"在希腊神话中，美杜莎是邪恶之神。传说她原来是海神的女儿，长得非常漂亮，结果遭到雅典娜的嫉妒。雅典娜把美杜莎的长发变成了蛇形，而且人们只要接触到

美杜莎的目光，就会变成石头。不过现在把她的头压在石柱底下了，就算想跟她对视也挺难的。"

　　向导说："就是因为害怕美杜莎的目光，人们才故意把她的头像倒置，并压在石柱底部，以避免被她的魔法伤害。还有一种说法，这么放置她的头像是为了镇魔。"

　　当他们游完这梦幻般的地下水宫，离开时都有些恋恋不舍。向导还补充说："在夏季，水宫有时还会举行一些演出，那时候的景色更令人难忘。在地下水宫里，配上各种颜色的灯光，听着那些土耳其的古典音乐会，看着舞蹈表演，简直是一种难得的享受。"

　　向导的话让大家心驰神往，约定有演出的时候再来一次。

雅典娜

　　雅典娜是希腊神话中奥林匹斯的十二主神之一，是著名的女天神。传说她是人类之父宙斯和聪慧女神墨提斯所生的。因为有预言说墨提斯所生的女儿会推翻宙斯，于是宙斯将她整个吞进肚子。宙斯因此得了严重的头痛病，只好请火神打开他的头颅，结果从裂开的头颅中跳出来一位体态婀娜、披坚执锐的美丽女神。据说她是最聪明的女神，还有宙斯一般的力量，是智慧与力量的完美结合。她是智慧女神，乌云与雷电的主宰者，丰产女神和女战神。

第7章

从王子流放地到度假胜境

在土耳其的马尔马拉海上，点缀着9座大小不一的小岛，犹如散落在海上的珍珠，它们合称为王子岛。岛上环境幽静，气候宜人。

路易斯大叔带着多多和米娜来到位于伊斯坦布尔的加拉塔大桥旁边的码头，乘上一艘渡轮，朝着碧蓝的马尔马拉海中驶去。

渡轮在海上行驶时，多多问："大叔，是不是因为以前有王子住

在岛上，所以这里才叫作王子岛的？"

"王子岛确实与王子有关，"路易斯大叔说，"但那些王子并不是安逸地住在岛上，而是作为囚犯被关押着的。1000多年前，拜占廷王朝会将获罪的王子、其他王室成员或贵族流放到王子岛。还有一种说法，每当新皇帝登基时，就会把他的兄弟流放到这里。岛上的寺庙和修道院就是用来囚禁他们的。

被流放到这里的人下场都很惨。曾有一位历史学家描述说没有任何地方曾目击过如此多的王子和公主被烧红的铁棍烫瞎眼睛，如此多的帝国权贵被放逐到这里，并死在这些寺庙狭小而黑暗的牢狱之中。"

"他们太惨了！"米娜的眼眶中盈满了眼泪。

"不用伤心，这都已经是历史了。"路易斯大叔安慰道，"现在的王子岛已成为有名的度假休闲胜地，很多伊斯坦布尔的有钱

人都喜欢住在岛上，并修建了豪华的别墅。"

一个小时后，渡轮抵达了9个小岛中面积最大的布玉克阿达岛。大家迫不及待地涌出船舱，踏上岛屿。

"哇，我们是来到了世外桃源吧！"米娜赞叹着，仰着头，伸展双臂，在原地慢慢转了一圈。

是的，这就是王子岛给人的第一印象。远离了伊斯坦布尔的喧嚣，这里的空气中带着海水的腥味儿，一切都是那么安静，清新。海滩非常美丽，到处是成荫的绿树。

他们在沿海的岸边看到一条通道，通道旁边是密集的餐馆和商铺。通道的左侧面向马尔马拉海的堤岸，排满了露天餐厅。因为还不到吃饭时间，里面的人并不多。当他们走过时，这里的人都热情地打着招呼。多多一行人在一个露天餐厅坐下来，点了烤鱼和浓稠的番茄汤，一边吃东西，一边观看海边的风景。海边有很多海鸟飞来飞去，它们一点儿也不怕人，甚至会飞到人们就餐的桌子上。

吃过东西，他们开始了游岛之旅。这个岛上没有高大的建筑，都是一些装饰华丽的木制楼房。而且岛上的建筑都非常雅致，建筑的底色多为蓝色和白色，与蓝天白云相映衬，更显得幽远清新。在某些山坡的草地上，还能看到有人在放羊。更重要的是，为了环

保和保持优雅的气氛，岛上没有一辆汽车，最主要
的交通工具是马车，其次是自行车。

在岛上，有专门出租马车的地方，那里有很多等待出租的四轮马
车，都安装了凉棚，装饰得很漂亮。多多他们三人也体验了一下乘马
车的感觉。车夫一声吆喝，皮鞭一甩，两匹油光水滑的骏马便欢快地
跑了起来。他们坐在马车上，看着步行的人们，觉得自己就像贵族一
样。一路上，多多兴奋得大呼小叫。

乘着马车，他们驶上了一条盘山道。在马车轻快的行驶中，但见
近处的山坡上苍松翠柏，绿草如茵，繁花似锦，远处则是海天一色，
海鸟纷飞。

行驶途中，米娜突然喊道："车夫大叔，停一下！"

"怎么了？"路易斯大叔问。

"这里的味道好香，而且景色这么美，我们停

下来好好看一看吧。"

他们从马车上下来，走到山坡上。车夫也随他们下来，在一边为他们介绍起来。

岛上的树林大多是松树和矮小的地中海橡树。在这些树下，生长着许多岩玫瑰、爱神木和桧树等矮树丛。另外，还夹杂着一些松脂树和乳香树。这些树木散发出一种迷人的馨香，沁人心脾，比很多花香还要好闻得多。

环岛游中，他们还看到了一座古老的修道院。车夫说这个修道院建于6世纪，曾经用来囚禁被流放到岛上的女子。

在一个面向大海的山坡上，矗立着一幢又一幢精巧雅致的小别墅、小洋房，庭院规整、干净，而且非常漂亮。在一处栅栏旁，他们还看到了一只黑猫，正躺在那里悠闲地晒着太阳。

马车停在一个斜坡下。这里有一座土耳其商人的别墅，热情的主人邀请他们进去参观自己的"梦幻庄园"。

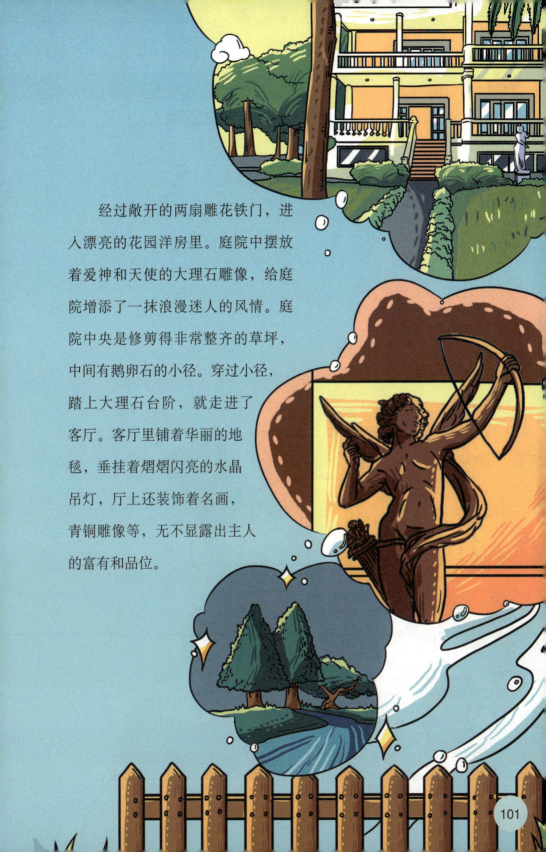

经过敞开的两扇雕花铁门，进入漂亮的花园洋房里。庭院中摆放着爱神和天使的大理石雕像，给庭院增添了一抹浪漫迷人的风情。庭院中央是修剪得非常整齐的草坪，中间有鹅卵石的小径。穿过小径，踏上大理石台阶，就走进了客厅。客厅里铺着华丽的地毯，垂挂着熠熠闪亮的水晶吊灯，厅上还装饰着名画，青铜雕像等，无不显露出主人的富有和品位。

岩玫瑰

岩玫瑰俗名叫岩蔷薇或岩壁玫瑰，花一般是白色的，叶片又窄又长。会渗出黏黏的、树脂般的油脂，油脂主要集中在叶片上，所以叶片看起来油亮亮的。有些岩玫瑰会被用来萃取精油，这样的精油气味芬芳，且具有很好的医疗效果，据说埃及艳后就很喜欢岩玫瑰的精油。

它的原产地在西班牙和摩洛哥，地中海地区也有一些。岩玫瑰喜欢生长在排水顺畅的沙土中，多半是野生的，不喜欢肥料，不能修剪，一旦被修剪就会残缺。

第8章

木马肚子里的事儿

　　这天，路易斯大叔说要去特洛伊古城参观。多多和米娜一听到"特洛伊"，都露出疑惑的表情。它不是存在于希腊神话故事中的城市吗，难道现实中也有？

　　路易斯大叔便给他们解释了一番。

　　公元前9世纪，古希腊诗人荷马创作了一部史诗《伊利亚特》，里面描述了一场"特洛伊战争"。公元前12世纪初，特洛伊王子帕里

斯诱走了希腊最著名的美女海伦，她是希腊斯巴达国王梅内莱厄斯的妻子。梅内莱厄斯为了夺回妻子，把此事告诉了他的哥哥——迈锡尼国王阿伽门农。于是阿伽门农组织了希腊各城邦盟军，并作为统帅，亲自率领由1000多艘战舰组成的舰队渡海攻打特洛伊城，由此爆发了特洛伊战争。

特洛伊城被围困了长达10年，因为特洛伊人民的顽强抵抗，一直没有被攻破。后来，希腊英雄奥德修斯想出一条妙计：他们建造了一只巨型木马，让希腊精英将士藏在马肚子里，假称是奉献给特洛伊人敬拜的雅典娜女神的，然后将木马放在城外，装作乘船离去。特洛伊人不知是计，将木马拖入城内。到了半夜，藏在木马中的伏兵悄悄杀出，打开城门，

与偷偷回来的希腊军队里应外合，攻陷了特洛伊城，临走前又烧毁了它。这就是著名的"木马屠城计"。

在古希腊文明的全盛时期，希腊人认为特洛伊战争是他们早期的一段历史，荷马讲的故事完全是事实。但在很长的时间内，对于特洛伊这个城市是否真实存在，很多学者都不能确定，人们曾怀疑特洛伊的故事仅仅是神话和传说。直到1871年，德国人谢里曼在达达尼尔海峡的南方发现了特洛伊古城遗址，并出土了大量文物和宝藏，终于证实了传说里也有历史事实。

特洛伊古城位于恰纳卡莱的南部，北临达达尼尔海峡。多多等人

来到这里，发现那古城堡的遗址就坐落在一个平缓的山坡脚下，周围的绿树郁郁葱葱，野草也长得十分茂盛。

在特洛伊古城的入口，站立着一只巨大的木马，有两层楼那么高。他们从狭窄的阶梯爬进木马的肚子里，并通过马身上的小窗往外看。在高高的木马里，下面的游人和物体似乎都变小了。

路易斯大叔说："这个木马建于1975年，曾是2004年的电影《特洛伊》的重要道具。电影拍完后，它被赠送给了特洛伊古城。"

木马的后方有一个大理石的水池，水池两旁是两根断裂破损的石柱，水池顶上是一个石雕的没有五官的美女。这个美女雕像的寓意是，海伦的美丽是无法用艺术表现出来的。

他们又去参观了木马旁的一个很小的博物馆。里面有一幅古希腊美女海伦的复原像，图像中海伦的头上和身上戴了许多首饰，脸庞圆润，眼睛大而深邃，确实很漂亮。里面的文物却不多，而且都不太起眼。

多多有些遗憾地问："不是说在古城遗址出土了很多文物吗，怎么这里没有？难道藏起来不让人们看？"

"这里出土的很多文物早已不在土耳其了。"路易斯大叔说，"要想欣赏特洛伊最宝贵的文物，得去德国的柏林博物馆。"

"为什么？"多多和米娜都非常惊讶。

"19世纪中叶，有一则传言说，特洛伊废墟中可能掩埋着大量的金银财宝，这个传言引来了

很多文物盗窃者。1873年，国际文物盗窃者谢里曼和他的妻子苏菲专程来挖掘宝物。为此，谢里曼还专门学了3个月的土耳其语。一天，他在废墟中发现了一块黄金，便借口那天是苏菲的生日，要停工休息，支走了所有协助他工作的人。然后，他发掘出大批宝物，其中包括特洛伊国王的宝库和海伦的项链，并偷偷运到了德国。如今，柏林博物馆中整整有4个大厅都陈列着特洛伊的宝物。"

"啊！这不是小偷吗？难道土耳其人就这样算了，没有去讨回那些宝物？"多多气愤地说。

"事后，奥斯曼政府曾经在国际法庭上提起诉讼，但没有讨回一件文物，只得到了5万法郎的赔偿。"

"这也太欺负人了！"米娜也非常气愤。

从木马旁边的小路进去，经过一段石砖砌成的古老城墙，路易斯大叔一行人便进入了古城遗址。那曾经繁华的特洛伊城早已倒塌败落，地面上只剩下残存的墙垣、石柱、石阶等，但不难从中看出当年的宏伟气派。

每一处遗址前都竖着一块小牌子，上面有遗址的简单介绍。在遗址里面还有一个小展厅，详细介绍了特洛伊古城的历史。通过这些途径，他们对各处遗址的历史有了一些了解。

在深达30米的地层中，考古学家发现了9层遗址，分属9个时期。

第1～5层，大约在公元前3000年—公元前1700年之间，相当于青铜时代的早期；第6层和第7层，在公元前1250年—公元前1000年之间，相当于青铜时代的中期和晚期，这一层出土了一些与迈锡尼有关的文物，所以接近特洛伊战争时期；第8层，在公元前700年—公元前85年之间，属铁器时代的早期，为希腊时期的遗迹；第9层，在公元前85年—公元400年之间，为罗马帝国时期的建筑。

第1层的特洛伊城是一座小城堡，有石头筑成的城墙和城门，直径有90多米。这是当年的村民为了躲避危险和灾难而建造的一个防御性城堡。

第2层特洛伊城建在第1层的上面，它也是一个城堡，但更大、更雄伟，直径有120多米，而且里面有王宫和其他建筑。在一座王宫的宝库里，还发掘出许多青铜器、石器和骨器，以及一些金银珠宝。这

座古城有火烧的痕迹，应该是毁于一场大火，人们因此还曾误认为这就是荷马描述的特洛伊城。

第3层到第5层，城池的规模都比原来的大。

第6层特洛伊城，曾多次扩建，至少有4座城门，总长有540米，城墙也十分坚固。城里有一些住宅的建筑台基，坚固而精致，明显是属于贵族的住宅。公元前1300年，该城在一次地震中被摧毁。

第7层就是特洛伊甲城。根据挖掘出的迈锡尼瓷器，历史学家认为它在公元前1250年被掠夺并烧毁，因此大多数历史学家认为这就是传说中发生特洛伊战争的城市。后来出现的特洛伊乙城存在的时间较短，在公元前1100年被丢弃，在之后的几百年里，没

人在这里居住。

公元前7世纪初期，希腊人重新占领了特洛伊，并建立第8层特洛伊城，之后繁荣了很多年。

公元前85年，罗马人劫掠了这座城市，并建立了第9层特洛伊城，考古学家认定这是最后的一座城。在这里，考古学家找到了罗马帝国时期的雅典娜神庙、议事厅、市场和剧场等废墟。雅典娜神庙的遗址只剩下了几块石头，被淹没在荒草中。议事厅也仅剩下残垣断壁，但为了保护它，人们在它上面搭建了遮雨棚。还有一处遗址，只剩下了石头建造的环形台阶，应该是当年的剧场。

公元400年左右，罗马人也丢弃了这座城市，从此再没人来到这里。

多多他们三人穿行在这些废墟中，有时会在那些残破的石头上看到精美的雕刻，其中有一块残基，上下的雕刻几乎相同。最外面是一个大的正方形，向里又雕刻出3个依次减小的正方形，最里面的正方形中间各有一朵美丽的小花。这些精美的石雕，似乎都显示出当年帝国的辉煌。

　　多多看到一块小石块，上面似乎有些小雕饰。他捡起来，说："我把它带回去做个纪念吧。"

　　路易斯大叔还没来得及说话，旁边的一个当地人便制止他说："千万不要动这个念头！这里的每一块砖，每一块石头，都不能捡。也许你捡起的石头已经有几千年的历史了，万一你把它放进兜里，被安检发现，有可能会关你6个月！"

　　多多一听，吓得立即将小石块放到地上，而且再走路时变得小心翼翼起来，生怕踩碎了那些古老的砖石。

　　当他们站在第6层废墟的高处，可以看到远处绿色的田地，还可以隐约看到更远处的大海，再对比近处的古城废墟，都不由感叹沧海桑田的变化。

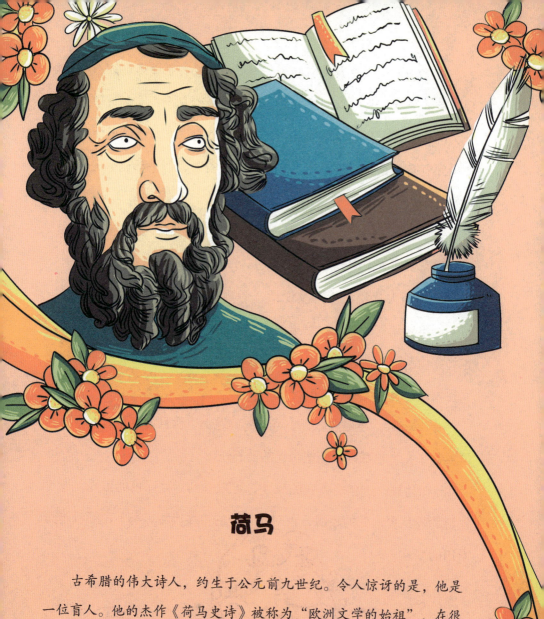

荷马

　　古希腊的伟大诗人，约生于公元前九世纪。令人惊讶的是，他是一位盲人。他的杰作《荷马史诗》被称为"欧洲文学的始祖"，在很长的时间里影响了西方的宗教、文化和伦理观。《荷马史诗》由《伊里亚特》和《奥德赛》两部分组成，据说是荷马根据民间流传的短歌综合编写而成的。近3000年来，很多学者研究过《荷马史诗》，单单是研究结果印成的书，就能建立起一个小型图书馆。

第9章

绿色和白色之城

晚上睡觉前，多多他们三人看了一个足球比赛的电视节目，其中一支是土耳其布尔萨市的球队。路易斯大叔说："布尔萨是一个以绿色和白色著称的城市，连球队的队服和队徽都是绿白相间的。"

多多和米娜一听，都嚷着要去这个绿色和白色之城看看，路易斯大叔点头答应。

第二天天一亮，他们便乘汽车赶往布尔萨市。这个城市在伊斯坦布尔的南面，离马尔马拉海的南岸不远。在奥斯曼帝国定都伊斯坦布尔之前，布尔萨曾是它早期的首都。

汽车越接近布尔萨，映入他们眼中的绿色就越多。树林越来越茂密，空气也越来越清新。汽车行驶到布尔萨的南郊时停了下来，他们走下汽车，站在了一座山的脚下。山上的树林异常繁茂，绿茵交织。他们望向不远处的布尔萨，只见它被周围茂密的森林掩藏着，入眼的几乎全都是绿色，只能隐约看见一些比较高的建筑物的顶端。

"真不愧是'绿色布尔萨'！"米娜赞叹道，"可是，那白色又在哪里呢？"

"白色就在这座乌卢山上。"路易斯大叔指着眼前的山

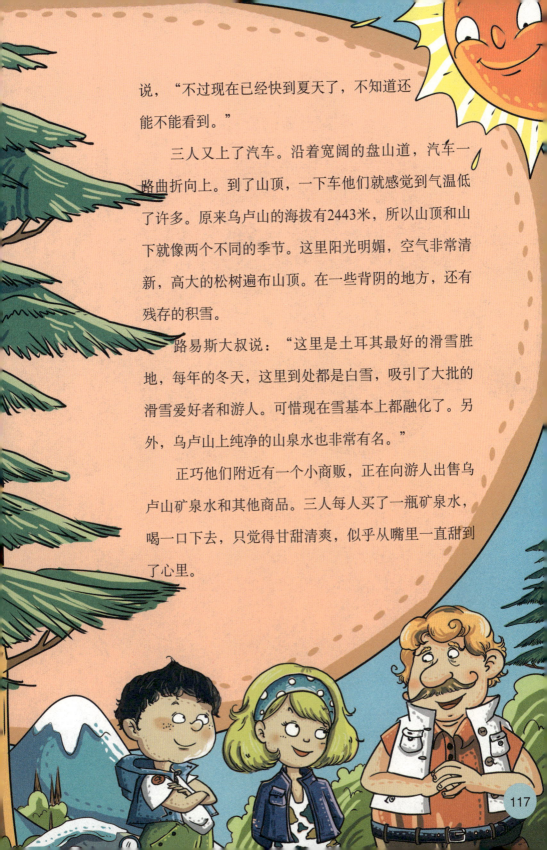

说，"不过现在已经快到夏天了，不知道还能不能看到。"

三人又上了汽车。沿着宽阔的盘山道，汽车一路曲折向上。到了山顶，一下车他们就感觉到气温低了许多。原来乌卢山的海拔有2443米，所以山顶和山下就像两个不同的季节。这里阳光明媚，空气非常清新，高大的松树遍布山顶。在一些背阴的地方，还有残存的积雪。

路易斯大叔说："这里是土耳其最好的滑雪胜地，每年的冬天，这里到处都是白雪，吸引了大批的滑雪爱好者和游人。可惜现在雪基本上都融化了。另外，乌卢山上纯净的山泉水也非常有名。"

正巧他们附近有一个小商贩，正在向游人出售乌卢山矿泉水和其他商品。三人每人买了一瓶矿泉水，喝一口下去，只觉得甘甜清爽，似乎从嘴里一直甜到了心里。

　　之后，他们乘车离开乌卢山，来到布尔萨的市区。当他们漫步在
这个城市中，发现它拥有很多公园和果园，里面绿树成荫，而且道路
的两旁也种满了树木。绿色，是这个城市最突出的颜色。

　　作为奥斯曼帝国早期的首都，布尔萨也拥有许多历史古迹，其中
最有名的是苏丹陵墓。

　　在路人的指引下，他们来到了苏丹穆罕默德一世的陵墓。路易斯
大叔说："穆罕默德一世在奥斯曼历史上十分有名。奥斯曼王朝曾经
被蒙古军队打击得几乎一蹶不振，正是在他的领导下，奥斯曼人才重
新振作起来，建立了更强大的帝国。"

　　进入陵墓，可以看到里面贴满了蓝绿色的瓷砖，就连石棺外面

也贴着蓝绿色的瓷砖。石棺上还有用阿拉伯字母写成的字句,字的颜色是黄色的,极具艺术性。整座陵墓的气氛静谧而庄重,令人肃然起敬,但多多和米娜还是觉得有点儿阴森森的,所以他们只停留了一会儿便出来了。

在乌卢清真寺旁边,他们看到一个非常热闹的市场,里面摆满了各种各样的美丽丝绸和丝绸制品,令人眼花缭乱。穿行在市场中,他们遇到了很多年轻美丽的土耳其女售货员,她们热情地向人们推销商品。

"布尔萨是土耳其最大的丝绸生产地,"路易斯大叔说,"土耳其生产的丝绸制品有90%出自这里。"

米娜说:"原来土耳其也生产丝绸啊,我还以为只有中国能生产呢。"

"说起来,这与6世纪的拜占廷王朝有关。当时的皇帝查士丁尼

一世派了两个僧侣到中国去，把蚕宝宝偷偷带回了君士坦丁堡。布尔萨的气候条件特别适宜养蚕，渐渐地这里就成了丝绸生产中心。"

在市场中转了一圈，米娜买了一条丝绸头巾，上面是土耳其传统的郁金香图案。摸着柔滑漂亮的丝巾，米娜开心不已。

在布尔萨走了这么长时间，大家都很累了，于是路易斯大叔提议去泡温泉，这让多多和米娜都欢呼起来。

布尔萨的温泉集中在城西的切基尔盖地区。温热的泉水从山岩中喷涌而出，使这里从罗马时代起就以温泉著称。

当他们到达那里时，看到温泉浴场中已经有很多人了。他们泡在热气弥漫的温泉中，脸上红彤彤的，却都露出惬意的表情。

办好手续，换好衣服，多多便迫不及待地跳进温泉中，但他接着就哇哇大叫着爬了上来。他喊道："哎哟，太烫了，烫死我了！"

他的样子让大家都哄笑起来。一个泡在温泉中的人说："这里温泉温度都比较高，可以达到50℃，甚至70℃以上，所以你可不能一下子跳进来，要先让身体适应水温，再慢慢进来。"

于是，三人先将手脚慢慢泡进温泉，等觉得不那么烫了，再慢慢将整个身子泡进去。在与当地人的闲聊中，他们了解到，这里的温泉水中含有丰富的铁、钠、钙、硫、碳酸氢盐和镁等多种矿物质，对风湿、皮肤病等都有很好的治疗效果，所以土耳其人很喜欢到这里来泡温泉。

这里最有名的温泉浴池有两处，他们所在的是其中的"老温泉"，是在原来罗马人和拜占庭人修建的浴池旧址上改建的。另一处是"新温泉"，虽然说是"新"，但也有数百年的历史了。它是奥斯曼的一位大臣在1552年修建的。

泡完温泉，他们感觉浑身舒爽，连皮肤都光滑有弹性了许多。

这次土耳其之旅真是一场既愉快又增长见识的旅行啊！